精简社交
用可视化图谱解决人际关系难题

〔美〕莫拉格·巴雷特 著
王丽 译

Cultivate
the power of winning relationships

北京日报出版社

图书在版编目（CIP）数据

精简社交 /（美）莫拉格·巴雷特著；王丽译 . --
北京：北京日报出版社, 2018.3
　　ISBN 978-7-5477-2824-6

　　Ⅰ . ①精… Ⅱ . ①莫… ②王… Ⅲ . ①心理交往—社
会心理学—通俗读物 Ⅳ . ① C912.11-49

中国版本图书馆 CIP 数据核字 (2017) 第 236264 号

北京版权保护中心外国图书合同登记号：01-2017-4587

CULTIVATE: THE POWER OF WINNING RELATIONSHIPS By MORAG BARRETT
Copyright: ©2014 BY MORAG JENNIFER BARRETT
This edition arranged with Greenleaf Book Group
Through BIG APPLE AGENCY, INC., LABUAN, MALAYSIA.
Simplified Chinese edition copyright:
2017 sunnbook Culture & Art Co. Ltd.
All rights reserved.

精简社交

出版发行	：北京日报出版社
地　　址	：北京市东城区东单三条 8-16 号东方广场东配楼四层
邮　　编	：100005
电　　话	：发行部：（010）65255876
	总编室：（010）65252135
印　　刷	：三河市华成印务有限公司
经　　销	：各地新华书店
版　　次	：2018 年 3 月第 1 版
	2018 年 3 月第 1 次印刷
开　　本	：710 毫米 ×930 毫米　1/16
印　　张	：15.5
字　　数	：170 千字
定　　价	：45.00 元

版权所有，侵权必究，未经许可，不得转载

目录

推荐序　行走的课堂　　001
导语　你在和人家拼手段，人家已经在拼格局　　005
序　用可视化图谱解决人际关系难题　　009

第一部分
人际关系生态系统

第 1 章　同盟关系：谁站在你身边　　016
从建立或维持至少一段同盟关系做起　　018
我们是否会成为同盟　　020
任何人都可能成为你的同盟者　　023
同盟关系 vs. 非同盟关系　　024
吸引他人成为同盟者　　026
同盟关系的特征　　033
同盟让关系更稳固　　039

第 2 章　支持关系：谁在背后挺你　　045
什么是支持关系　　045
支持关系的特征　　047
支持：暗含危机的关系　　051

第 3 章　竞争关系：谁在暗中叫板　　056
什么是竞争者　　056

竞争关系的特征　　　　　　　　　　060
竞争：我能从关系中学到什么　　　064

第 4 章　敌对关系：谁在背后捅你一刀　069
敌对关系的特征　　　　　　　　　　072
敌对关系：让你筋疲力尽　　　　　　075

第二部分
绘制你的人际关系图谱

第 5 章　什么会影响你的人际关系图谱　080
文化　　　　　　　　　　　　　　　083
背景　　　　　　　　　　　　　　　085
交流方式　　　　　　　　　　　　　088

第 6 章　什么会决定你的人际关系图谱　092
初见：不反对、不支持　　　　　　　093
四种人际关系图谱　　　　　　　　　094
关系无法控制，但可改善　　　　　　097
建议：优质的人际关系重质不重量　　103
人际关系驱动积极性　　　　　　　　104

第三部分
人际关系的重建

第 7 章　对话：改善人际关系的开始　112
培养谁？团结谁？掌控谁？对付谁　　113
结盟的对话策略　　　　　　　　　　114
来者何人？同盟者还是敌对者　　　　118
调整的对话策略　　　　　　　　　　119
包袱的对话策略　　　　　　　　　　122
喝彩的对话策略　　　　　　　　　　126

第 8 章　你的对话计划　　　　　　　131
对话前：有指导的练习　　　　　　　132
对话中：无关输赢　　　　　　　　　136
对话后：反思带来成长　　　　　　　139

目 录

第 9 章 情商：当下聪明的力量　　141
来者何人：同盟者还是敌对者　　143
同理心：赢得信任的关键　　146
大脑：装着你的智慧　　147
杏仁核劫持　　150
惯性逃跑者　　152
什么触发了你　　154
你会战斗还是逃跑　　157
情绪被劫持　　158
留心预警迹象　　160
解除劫持　　162
新技能：大脑新的连接　　164
先理解别人的观点　　165

第 10 章　在变化中重建工作关系　　170
你为何失败　　172
打破"我优先"的态度　　174
"提问与告知"模式　　176
建立连接　　177
事先说明合作规则　　179
阅历不等于明白合作规则　　181
在变化中保持主动性　　183
"谁知道你"胜过"你知道谁"　　184

第 11 章　识别你的重要人际关系　　187
你的成功取决于谁　　187
用"怎么做"去实现成功　　191
最重要的利害关系人——同级同事　　194
不可忽视的额外人际关系　　197

第 12 章 你是自己最重要的同盟者   202
先成为自己的同盟   203
不要尽信你所以为的一切   206
改变你的情节设定   211
学习识别不同的声音   213

第 13 章 工作中的各代人   217
工作文化差异的影响   218
从传统一代到 Y 代   220
各代人如何工作   224
如何跟各代人打交道   227

结语　没有人是一座孤岛   229
附录   237

推荐序 行走的课堂

这一段时间事情比较多，各种约稿、签售、上课，晚上还要更文，繁忙把眼前的生活搞得黑白颠倒，但是拿到这本书我还是感觉到眼前一亮。翻阅这本《精简社交》，我想起一件事，某天和朋友相邀去一家饭馆吃饭，其间遇上了一位老转，他从部队转业到地方上工作是朋友所在单位负责安置。在安置大会上，做过几年老师的朋友，一篇洋洋洒洒的发言稿让这位转业军人颇为欣赏。这次在饭桌上偶遇，他一直诚恳地请求朋友把那一篇发言稿复印一份给自己。这个请求让一桌人感到莫名其妙，后在他的解释之下才搞明白，在部队多年，绿色军营里打造出来的思想、练就的认知，让这个硬汉来到地方上就明显感觉到自己和现实社会已经脱节。他想通过朋友那篇精彩的发言稿，从中了解和发现地方人文文化、地方特色等。

说真的，对18岁参军离开地方，10年后再回到地方的转业军人，我内心深感唏嘘。这并不是个例，做人处世是一门学问，有多少人还没有认真学习就已经在红尘跟跄起步。或者说许多人在瞬息万变的时代里，被潮流推动着随波逐流，找不到自己准确的定位。多少初生牛犊不知道人世深浅，虽说你可以不怕虎，那也只是不怕，并不等于没有危险。处世在如今的社会就是情商和智商的综合指数。古人常说人必有一技方可立足于生活，今天的一技已不仅仅是养家糊口的生存技能，它的范畴包括处世、办事、为人等，它是各种场合自由出入的门票，是社会活动中的应变能力。

一篇演讲稿再怎么精彩也不可能涵盖地方人文文化、民风民俗，更不可能成为人生的一根救命稻草，却有人这样看重。他让我的朋友深受感动，也使我看清了浮躁的社会上原来有无数迷茫之人，在匆匆的人来人往之中寻找，寻找一种可以拯救自己的人生理念，一条可以走出困境的光明大道。这本书提供的人际关系生态系统就是一个很好的方法和工具，帮你智慧分析身处的环境中谁是同盟者，谁是敌人，扮演好自己在各种关系中的角色。这本书从朋友的选择到如何共事，清楚敌对之间的风险，构建同盟者到将团队精神的把控做到自如灵活，作者无疑是站在生活的高端来诠释生活。而我们年轻的人生需要这些航标一样的人物来指引。就如书中写到的：我们无法控制其他人，但我们确实能够控制自己，以及选择如何回应别人。对我们而言最大的挑战是忠于同盟者的心态和行为。

本书中有一句话我十分认同：敌对关系鲜少有一开始就是这样的，它们通常源于你的作为或不作为。对于那些喋喋不休、抱怨这抱怨那的人来说，这是一剂盛夏的清凉方。

我曾在一篇文章中这样写过：婴儿刚从母亲体内的羊水中出来，第一次接触空气时，强烈的不适感会让他们哇哇大哭好久。但是过了一段时间，他们适应了用肺部呼吸，之后就不会再哭了。这本《精简社交》就是婴儿的肺部，它让涉世未深的小鲜们，以及脱离某种特定环境的人学会在社会上自由呼吸，并立足于大千世界的纷纷扰扰，最终取得成功。

我也鼓励各位奔赴社会的有志者，把这本书放在手边，经常翻阅。

剑圣喵大师

导语 你在和人家拼手段，
人家已经在拼格局

工作中的 bug 领导没发现，该怎么办？

项目进行到一半出现了问题，似乎没有解决办法，我是马上脱身还是继续进行？

工资这么低，得到远小于回报，我还需要全力以赴吗？

领导问我对他有啥意见，我是赞美还是避重就轻？

这些表面上像小蝌蚪的问题，其中暗含的则是你的内心格局。

"再大的烙饼也大不过烙它的锅。"如果没有格局感，你的职场的锅可能永远不会变大。

上面的问题如何回答，需要极大的智慧。

这本书提供的人际关系生态系统就是一个很好的方法和工具，帮你智慧应对你身处的职场环境。在这个系统中，每个职场人周围都有四种人：同盟者、支持者、竞争者、敌对者。同盟者会无条件挺你捍卫你，危难之时会挺身而出；支持者不会反对你，但只有在让他也获利的情况下才会支持你；竞争者可能表面和你保持和谐，但背地里挖你墙脚；敌对者则是明里暗里和你对着干，当你失意时还会冷嘲热讽。

以第一个问题为例。

如果你把自己定义为对方的同盟者，你会这样做：即使会刺伤领导，让他尴尬，也会说出来。但你会带着善意，站在他的角度分析他为什么没发现。你会提出改善策略，并告诉他无论结果怎样，你都会支持他。

如果你把自己定义为对方的支持者，你会这样做：理解，但只拣好的说。

如果你把自己定义为对方的竞争者，你会这样做：嘴上说好，心中窃喜：他终于倒霉了。

如果你把自己定义为对方的敌对者，你会这样做：告诉他：我早就说嘛，不听，看，报应来了。

相信这四种角色你都扮演过，你根据和对方关系的好坏，选择相应的策略。谈不上对错，只能说你格局太小。

真正有格局的人永远是脱离问题，站在更高的角度决定战术。他们眼里只有目标。

他们会让自己跳出人际关系迷雾，深刻洞悉：谁会跟你并肩作战？谁会在背后支持你？谁会跟你暗中叫板？谁会在背后捅你一刀？

进而，他们会画出自己的人际关系图谱：同盟者、支持者、竞争者、敌对者。

然后他们见到这些人知道怎么说话，是要真诚地表扬他，还是暗暗不语。最重要的是，他们知道自己在和谁说话。

他们不会因为对方是自己的敌对者，就恨得牙根痒痒，也不会和对方言语交恶。他们只是心里明白：在这件事上，我们是敌对的。但是他不会把对方永远定义为敌对者，因为关系往往是一个动态的人际关系生态圈，这次他是敌对者，下次可能就是支持者。说不定，私下里，他和敌对者是很好的朋友。

如果坚持十年，他们终将成为很厉害的人。

你是不是也想变得很厉害？来，试试看。

序 用可视化图谱解决人际关系难题

臆测是破坏人际关系的白蚁。

——亨利·温克勒（Henry Winkler）

为什么每个人都会有一段不堪回首的交恶经历？为什么看似多年共事的同事、上级、老板，友谊的小船说翻就翻呢？

任何关系交恶都不是偶然的。在你还未察觉之时，关系的警报早已响起。通常人际关系在以下几种情况下，就已趋于恶化：

· **看**：我们不再关注或者只是忽略预警信号。很多人认为主动讨论人际关系实在难以开口。我知道，有时人们面对比自己更有经验、更权威的人时，会这样说："这些对你来说都是轻车熟路、小儿科，你肯定会处理好的。"

・**听**：即便我们感觉到危机重重，但没有引起重视，而是告诉自己："明天再说吧。"我们选择视而不见，并希望事情在无需自己介入的情况下自行好转。

・**行动**：我们没有采取行动，或者更糟糕的是，我们鲁莽行事，未作任何预案。这种情况下，我们能看到预警信号，知道需要采取行动，甚至已经有了计划，但却没能有效地执行。

此外，一些不好的社交习惯也会加速人际关系的恶化：

只索取不付出。有些人把别人当成"人际关系账户"，只提款，而不储蓄，那么，总有一天你的账户会亏空。如果做事只是想获得回报，那么，当你们的关系破裂时，也不要惊讶。

忘记当下。人际关系的破裂，有时是因为你一心多用。比如，一边查邮件一边打电话、谈话过程中不积极聆听等。这些都向别人传递出这样的信息："你不重要。"如果想减少这种问题的发生，跟人谈话时请关掉电脑屏幕、摆脱各种干扰，或者，有必要的话，明确表示你正在做某件事并约定好你可以集中精力的时间。邮件可以等，但人不能。如果你无法给予充分的关注，可以这样跟对方说：

我知道这对你很重要，我想确保我能够对此投入充分的关注。现在我必须先完成这份报告 / 我五分钟后要开一个会 / 我必须先回复这个紧急的客户邮件。我们下午两点仔细讨论一下这个问题，行吗？

这传递出了强有力的承诺信息。通常，我们不会率先表明自己的需求，而是允许意外干扰的出现，但同时又还想着手边的工作。但这对谁都没有好处。

闲聊。当我问我的来访者是否与不和的人好好谈过时，我得到的总是一个吃惊的表情及随后一个快速的否定答案。然而，当我问他是否跟对方谈论过自己的失望时，他总是羞涩地回答"YES"。闲聊是好事，带有善意的闲聊可以帮助我们构建团队或组织中的人际关系。但是，当闲聊是为了暗中伤害别人时，那它就是一种不良行为。

当然，你可以利用你的关系为艰难的谈话做准备。但是，不要痴迷于休息间或饮水机旁的闲聊。

违背承诺。有时候，突发事件会阻碍你兑现原本的承诺。这个时候，打个电话，或走到对方办公桌旁，告知他你需要延期或无法继续提供帮助。一旦对方失望，你可能需要花上几个月的时间去重建信任，原因就在于你没有及时沟通。

没能快速、真诚地道歉。你可能会犯错。这种情况下，快速处理，并真诚地道歉。不要想着以善意的谎言应对，也不要想尽办法对错误进行辩解。

有选择地构建人际关系。如果只注重"恰到好处"的联系，别人会觉得你不靠谱。我们遇到过很多这样的领导，他们将大量精力用于培养与有着一定头衔及资历的人的关系，却较少注意自己的同级同事，人际关系网极度偏离。构建有效的人际关系网需要360度的视角，需要覆盖你所在的行业内外。

冲突变得针对个人。即使没有煽风点火，再好的团队也会出现意见分歧。适当的冲突可以提高坦诚度并促使双方畅所欲言，如凸显潜在风险、质疑关键性假设及增进相互了解等。当冲突变得针对个人时（"那是个愚蠢的主意"），冲突的正面价值就减弱，从中得到的经验也会减少。

办公室政治。一些领导会把办公室政治当成职业。还有些人爱打关系牌来赢得别人的支持，但却极少给予回报。有时候，为了达成目的，他们不得不"请求"别人，但其后的动机昭然若揭。

以为关系不需要维护。维护一段稳固的关系不一定需要花很多功夫，每隔几个月打一个短暂的电话或写一张便条也许就够了。如果每星期都这样做，那么，一年之后，你的朋友圈就会有上百人。

做个代言人。如果共事多年的同事处境艰难，你需要随时站出来保护他。一时的犹豫会让你失去一切。

在本书中，我们概括出了四个我们在各种人际关系中常会有意识或下意识问自己的问题：

1. 我能指望你吗？

2. 我能依赖你吗？

3. 我在乎你吗？

4. 我信任你吗？

忘记这些，你们的关系就会趋于变动。

不注重经营人际关系、忽视已经岌岌可危的人际关系、利益化人际关系都是短视行为，都会极大影响我们在职场上的畅行。俗话说，搞不定人，就搞不定事。就是这个道理。如果把职场看成一个战场，为了赢得长久的胜利，我们必须提高认识层次，用战略的眼光去经营人际关系，也就是我在这本书中谈到的可视化图谱。之所以提出这一图谱，是因为我看到太多因为人际关系失败所导致的人生失意。在20年辅导因人际关系失败而困顿的客户的过程中，我深刻洞悉到没有一成不变的稳固关系，但我们却可以运用一定的方法掌控人际关系，轻松解决人际难题，也就是可视化图谱。借助这个图谱，我们可以清晰地看到：谁会和你并肩战斗？谁会在背后支持你？谁跟你暗中叫板？谁会在背后捅你一刀？工作日趋复杂，如何在纷繁复杂中清晰地看到自己的处境，合理利用人脉，就可以化复杂为简单，高效工作。

我们得承认，并不是所有人际关系都是从朋友关系开始的（或最终成为朋友）。要促成人际关系的转变，你需要接受意料之外的东西。有时候，事情会发生急转；有时候，看似不断进步的关系会突然发生倒退。这种情况下，你需要应用你的情商技巧，也需要保持毅力。我鼓励你坚持下去，并且，如有必要，寻求改变。

PART 1

第一部分
人际关系生态系统

PART 2

第二部分
绘制你的人际关系图谱

PART 3

第三部分
人际关系的重建

第1章 同盟关系：谁站在你身边

假如明天我们不能在一起，那我希望你能记得这些：你比自己所看到的更勇敢，比自己所展现的更坚强，比自己所认为的更聪慧。另外，最重要的是，即使我们不得不分离，我依然与你同在。

——艾伦·亚历山大·米恩（A. A. Milne）

《小熊维尼》（*Winnie the Pooh*）

职场从来都不是一个静态的发展，每一秒钟都有可能发生意想不到的变化，宛如大自然中的生态系统：有些人上一秒钟还和你并肩战斗，下一秒就可能与你反目，再下一秒会冷不丁给你来一刀。在这本书中，我们将这种情况称为人际关系生态系统。在人际关系生态系统中，每个人身边都有四类人：同盟者、支持者、竞争者、敌对者。

假设你近期做了一次报告。两位同事站在公共饮水机旁，闲聊起了第三人（你）的八卦，这个对话真的令人无法恭维。他们的对话被另外一个同事听到了，他走了过来。他是你的同盟者、支持者、竞争者还是敌对者？很快，我们就能发现。

同盟者：同盟者可能会介入，打断谈话，重申公司价值观，并告诉他们"这不是我们公司的做事风格"。他们很可能会提供另外一个视角来反驳。更重要的是，同盟者会来找你，告诉你他无意中听到的一切，不是为了让你难过，而是为了提醒你，你可能被误解了，并且需要采取适当行动。即使你没在一旁，同盟者也会支持你。

支持者：支持者会听他们说些什么，可能会主动参与其中，也可能不会。他的在场，已经是对这些闲言碎语及其中的观点做出了默许，流言和揣测会被进一步坐实。不像同盟者，支持者可能会让你知道问题的存在，也可能不会，但他不会告诉你他听到的内容。反应的不确定性可能是这种关系中最可能出现的结果。没有警告，你无法做出适当的反应。谣言继续散播，导致你的名誉受损。

竞争者：竞争者会公然地为最恶意的坏话作证，甚至可能添油加醋，把这个"虚构的故事"描述得绘声绘色，以此把谣言坐实。他们可能还会把这次对话内容讲给别人听，令其负面效应翻倍。

敌对者：即便敌对者不是这次饮水机旁流言的始作俑者，他也肯定会加入散布流言的行列，并火上浇油，列举事例说出你的过错或性格缺陷。即使竞争者可能不会告诉你他们对话的内容，你放心，你的敌对者一定保证能让更多人听到最新的"舆论"。

敌对者还会把对话内容告诉你，很可能会在一个公共场合，目的是让你尴尬，同时破坏你的名誉。从职业生涯的角度看，明白一点很重要，即，这些对话内容会传播到公司圈子以外，并可能影响你在整个行业的名誉！

从建立或维持至少一段同盟关系做起

在《人生一定要有的八个朋友》（*Vital Friends*）一书中，汤姆·拉斯（Tom Rath）谈到"三个朋友的临界点"（Three Friend Threshold）。他经过研究发现，如果在工作中至少有三个亲密朋友，那么你对自己的人生满意率将高达96%。事实上，在工作中，相比工资上涨10%，人们更愿意有一个好朋友！

另一方面，英国人类学家罗宾·邓巴（Robin Dunbar）发现，每个人可维系的有效人际关系，平均大约为150人。邓巴提出，我们的祖先发现，在较小的群体中，他们能够更有效地解决问题并抵御猛兽。虽然一个人能够识别大约1500张人脸，可一旦超过150人，人际关系会变得越来松散，无法建立更深层次的连接，比如盟友关系。

这并不是在贬损大社交网络。我个人很重视和LinkedIn上与我相遇的人建立联系。写作至今，我已经建立了一个有10170022名专业人士的关系网。这一数字很惊人，但这些人都不是同盟者。尽管如此，其中的

1500 人中，我都跟他们保持了非常稳固的关系，有同盟者和支持者（可能还有一些竞争者），如参与我项目的人、曾与我并肩战斗的同事，只要我打电话他们都会马上接听，当然，我也会接他们的电话。

借助庞大的朋友圈，我为那些急于寻求专家建议或热切寻找新机遇的人牵线搭桥。我向相关领域的专家提出问题并获得反馈。通过积极耕耘这一网络，我已经与那些潜在同盟者建立了更深层次的联系。

我近来有了一个新联系人，她叫珍妮佛，她从丹佛（我曾经生活的地方）搬到了佛罗里达。在此之前，我们没有任何交集。她偶然看到了 LinkedIn 上一个旧帖，我曾在里面回答各种问题，并与一个意欲创立咨询公司的人分享了自己的故事。于是，她联系了我。接下来，珍妮佛说："我冒昧发来这封邮件，想知道您是否愿意通过邮件或电话回答我一些问题。我为我利用您在 2008 年发布的帖子向您道歉……"珍妮佛不知道的是，我对待其他人一向是慷慨大方的，我相信自己资源富足，从不担心别人会挖我墙脚，我很高兴能回答她的问题，这最终使她有信心建立属于自己的人际关系圈，并进入一个完全陌生的新领域开创新事业——这是一次成功的首次接触和新的人际关系的开始。

这些"边缘人际关系"可能与我们每天身边的人际关系一样重要。借此，我们有机会寻求新的观点，截然不同于约定俗成的观点，这为我们做决策或研究新项目提供了新视角。

与现实的同盟关系相比，始于网络的同盟关系同样有效。想想所有通过网络约会找到彼此的伴侣就知道了！我有很多同事通过 LinkedIn 的状态更新或某些八竿子打不着的关联人找到了下一个职业发展机遇。

尽管你可能拥有一个庞大的在线关系网，但你很可能发现，相对来说，每天都与你互动的只是很少一部分人。随着时间的推移，达到 150 人的标准可能很容易。记住一点，这个数字是一个平均值，虽然对于某些人来说，一想到要管理这么多联系人就头疼，但有些人必定有能力有效地管理更多的人际关系。

...
从建立或维持至少一段同盟关系做起。
...

我们是否会成为同盟

一个听过我的主题报告的人来找我。他认识到，他没有同盟者，一个都没有。这一发现让他吃惊，也有一点担心。直到我们见面，他也没有仔细考虑过经营人际关系（他在一家工程公司）。他的大部分精力都放在如何实现高质量产出，这也是他到此工作的目的。

尽管如此，他听了我的话，仔细回顾了自己的职业生涯，以及朋友们的职场之路。他意识到，自己前进的速度并没有他们快，也没有自己想象的快。直到现在，他并没有有意识地思考过这个问题。于是，我们一起确定了一些策略，用来改善他与其他五位利害关系人之间的关系。

第 1 章　同盟关系：谁站在你身边

我告诉他，我的建议是，从建立或维持至少一段同盟关系做起。

经验表明，通过适当的培养，你最终可以拥有比你想象中还要多的同盟者。

在任何一种人际互动中，我们都会彼此衡量，并（有意识或无意识地）问自己四个问题。这些问题的答案决定了你或者你提出的请求是否值得我投入时间、兴趣、信任和精力。基本上，它们决定我们是否会成为同盟。这四个问题，我们在前面提到过：

1. 我能**指望**你吗？

自愿参与、站出来、对我说你将对结果负责？这是一种**反应**视角。当我要求你做什么事时，你会照做（或者至少给出诚实的反馈）吗？

2. 我能**依赖**你吗？

坚持到底、按时按量履行诺言？这是一种**积极**视角。必要时，别人不说你也会挺身而出？

3. 我**在乎**你吗？

像在乎我的成功一样在乎你的成功。我在乎你的意向、感觉和情绪吗？我能够为你着想吗？我们的联系是个人层面上的吗？

4. 我**信任**你吗？

信任到让我可以卸下防备并更多地展示真实的我？

前两个问题是交易型的。履行你的承诺，那么，你会实现你的预期。从根本上看，后两个问题从根本上讲是情感性的，属于人际互动。如果第三个问题和更重要的第四个问题得不到积极的答案，那么，你会抗拒与那个人建立同盟关系。相比简单的说到做到，就最后两个问题给出肯定的答案更难。然而，这正是熟人与朋友、同事与值得信任的合作伙伴、支持者（或竞争者）与同盟者之间的区别。

...
没有信任，就没有同盟关系。
...

我敢肯定，一定有些人，你见第一面就能立刻知道，你的回答是四个"是"，因为你们好像已经相识了一辈子一样。而另一方面，你也会遇到一些人，你不会与他们直接接触，因为"有些东西"会警告你，要武装好自己。我们称这类反应为"四个'不'"反应，这类反应背后藏着一门学问。本质上，人际关系是具有情感性的。我们稍后会对此深入钻研一番。

每一次互动都是一次向人际关系账户中"存款"或者是"提款"的机遇。信任的建立是一瞬间的事，但也需要付出努力。联系的增进发生在我们提出问题并认真聆听答案的时候，发生在我们投入时间去了解别人工作外的消遣方式时，发生在我们开始了解这个人时。这是一个了解别人的生活状态与表达工作需求的过程。

做一个同盟者意味着，找出什么对"对方"最重要，并且能够明确告知"对方"什么对"我们"最重要。这既关乎你们的交谈，又关乎你们想取得的结果。

任何人都可能成为你的同盟者

当然，任何能够帮助你实现目标的人都有可能成为同盟者。有些人的可能性更明显一些。下面这些人可能已经准备好做你的同盟者了：

- 有共同兴趣或目标的人。
- 为实现同样的结果而工作的同事。
- 分享经验并提供指导的同事。
- 与你的想法有共鸣的团队成员。
- 有过成功合作经历的销售商或供应商。

但是，我们要清楚：要成为我的同盟者，你并不需要有帮助我实现目标的能力。我就有一些同盟者，他们对我的成功没有影响，但却愿意在我身边听我发泄，鼓励我为自己的行动负责。你可能会在一些意想不到的地方找到你的同盟者：

- 你在一次行业活动中遇到的某个人，他愿意将你介绍给他认识的一个重要联系人。
- 当你遇到一个重要的项目，或者在紧要关头，放下手头工作赶来支援你的同事。
- 帮助你争取到与领导沟通的时间，并花时间帮助你做会面准备的同事。

- 已经进入一家新公司但依然愿意给你提供建议的同事。
- 当你得意时，分享你的成功与欢笑，当你失意时，陪伴你、倾听你的家人和朋友。
- 此外，在需要时会给你一杯加浓咖啡的咖啡盟友！

同盟关系 vs. 非同盟关系

同盟关系是无条件的。同盟者是那个为你提供成功所需要的支持、协助、建议、信息及保护的人。他们是你的支援基地，是你能够迅速召集的人，尤其是当你遇到困难的时候，你知道他们的付出会比你期待的还要多。

有了同盟关系，你就能在公司里化险为夷、蒸蒸日上，你就能更快、更顺利地完成任务。与同盟者合作会帮助你以及他们得到更多。

如果你是一个同盟者，或者身处于一种同盟关系中，你会发现以下10个主要信号：

1. 你们处于一种愉快并具有挑战性的关系中。
2. 面对困难时，他是你第一个寻求建议的人。
3. 他是你最早打电话分享你的成就的人之一。

4. 你们愿意坦诚并承认脆弱——你们理解彼此的恐惧和挣扎。

5. 你们会为彼此提供尖锐但有建设性的反馈，从而刺激你们去学习和成长。

6. 你们之间即使处于竞争状态，也是良性的，你们会不断提升，做出更好的成绩。

7. 共事规则明确，你们会定期重新审视这些规则。

8. 你会时不时地查看一下事情进度，不带任何特定要求或需求。

9. 为了保证共同的成功，你愿意做任何事。

10. 即便他不在眼前，你也一样支持他。

另一方面，未处于同盟关系的信号包括：

1. 你觉得自己被利用了。

2. 信任被破坏了。

3. 讨论和互动让你觉得很受伤或很受打击，而不是受到启发和鼓舞；工作成果平平。

4. 你并不愿挑战现状；即使你心里否定他，但嘴巴上仍说"YES"。

5. 你们并不要求彼此负责任；你参与行动，但却允许这些努力打水漂。

6. 错误无法让你们共同成长，但却会让你们互相谴责。

7. 因为害怕对方可能做出的反应，或害怕影响你们的关系，你犹豫要不要提供重要反馈。

8. 没有高绩效标准；未达到预期目标或表现不佳也不做处理。

9. 你每天都无法达到自己的最佳状态，即使有想进步的火苗也马上被扑灭了。

10. 对方只关心自己的安排和目标；通常，你得做出牺牲，为了达到目标，对方通常会巧言令色、歪曲事实。

这样做的结果是，效率下降了。

• • •

同盟者是让你能做更好的自己的人。

• • •

吸引他人成为同盟者

要成为一个同盟者或培养一批同盟者，诚实地承认自己能够将以下素质表现到什么程度至关重要。

1. **相信资源富足 & 慷慨大方**。这关乎与人共事的一种素质，是自身品质的问题，而不是做事方法的问题。同盟者心态开始于一种"资源富足"而非"资源稀缺"的视角。你相信周围可以有很多种成功吗？那么，为什么不协助公司里的其他人取得成功呢？

这涉及一种转变，即从"我优先—我的成功"心态转向"我们优先—我们的成功"。带着这样一种心态，我们会产生共同的希望和梦想，包括个人的和公司的。我们会大声地谈论我们的目标和激情，而不是把它们放在暗处，隐藏起来当作秘密。越多人知道和了解我们的目标，就会有越多人来帮助我们实现它。

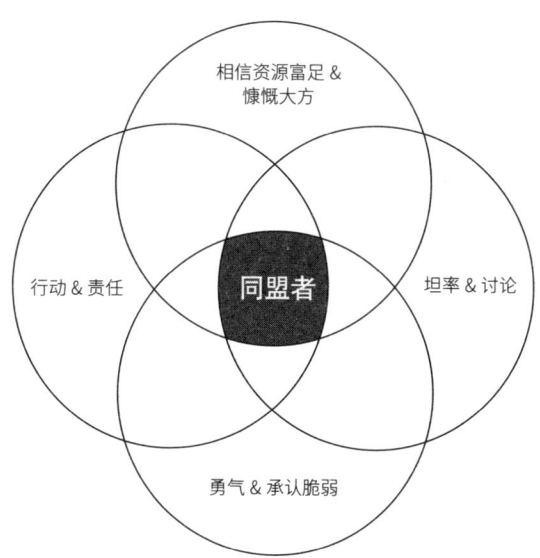

什么能让我变得慷慨大方。只相信资源富足还不够，结合慷慨大方的素质，结果是令人惊叹的。慷慨大方的我们会分享我们的专业知识、见解、想法及理念，包括我们的各种技能，用以鼓励其他人并帮助他们取得成功。伴随着经验、想法及理念的分享，创造力会被激发！知识分享的结果是不断学习，公司的适应和创新能力得以提高。相应的，我们的适应和创新能力也会提高。同盟者可能是改变的催化剂，能够帮助你和你的公司实现转变。

相信资源富足＆慷慨大方是我的事业及生活方式的基础。当然，我有时发现自己也需要有人来提醒我回到这一基础上，不过我的同盟者们会很快帮助我调整回来。我常常问自己，谁是我事业上的竞争对手？这时候资源富足的心态就会起作用。我的答案是，有很多工作是面向我们所有人的，我们不要花时间去担心谁是我们的竞争对手，或者他们可能在做什么，我希望他们能体验成功。我们曾经把自己的客户介绍给我们的"竞争者"，因为，在我看来，他们可以更好地满足客户的需求。在这个资源充足的世界，这很正常，也是我们应该做的。

当我们把成功看作"一种稀缺资源"，它就会变成一种需要贮藏且不能分享的东西。我就亲眼见过"稀缺"心态如何破坏协作及客户服务。那么你呢？

这将我们引向这个基础的第二部分——慷慨大方。对我而言，这体现在我为那些向我寻求帮助的人，甚至还有那些致力于相似领域的人提供建议、指导及鼓励方面。我很愿意分享我的故事、成功、失败、错误及所学知识，而且，如果这能帮助你取得成功及建立自信，那就更好了！我的重点是，尽我所能做最好的自己，从而保证我的团队能够为客户带来最好的结果。你问我意见，我就安排时间给你，因为从这些对话中，我也会学到一些东西，它们能帮助我前进，就像我能帮助你一样。

我是你的同盟者，我和你一起。

请了解一点，虽然我以上所说均属事实，但我分享这些并非要把自己描绘成一个慷慨大方的圣人。我只是觉得，这种心态能够为我们的事业和同盟者带来奇迹！

2. 勇气 & 承认脆弱。在同盟关系中，我们需要承认自己的缺点和错误，并接受反馈。这就意味着，承认我们的恐惧或担心，寻求帮助并在得到帮助后付诸实际行动。承认脆弱并不是一种软弱，事实上，承认自己脆弱需要真正的勇气。它是一种发自内心的、面对真正的自己和做最好的自己的意愿。

建立不局限于事务性的人际关系

就我自己及我的同盟者而言，有勇气敞开心扉是一个巨大的突破。不用再假装自己战无不胜或无所不知是何等轻松！承认脆弱意味着，我们会在需要的时候寻求帮助。这也意味着，在你信任的人面前摘掉面具。勇气指的是，当别人提供帮助时接受它，以及为别人提供你的见解。

理查德是一名年轻的经理，他很早就意识到，给出令人难以接受的反馈比只给予称赞更重要。他曾经参加一次领导层会议，同时参会的还有100位同事及他的新领导。会议室里很暗，老板竟然坐在后面睡着了。理查德询问了一圈，很多同事都这样说："他这些年一直这样。"

他决定晚些时候与老板谈一谈。老板先是否认，但随后还是笑了笑，说自己的确开会时睡着了。几周后，老板告诉理查德，他去看了医生，经诊断，他患有睡眠呼吸暂停综合征。

当理查德回想起这段经历时，他很高兴自己当初迈出了勇敢的一步，做了老板的同盟者。其他人早就注意到了这件事，甚至嘲笑老板打瞌睡，但从未提醒他注意，这延误了他的就医时间。富有建设性及同情心的反馈很重要，做一名同盟者，意味着要有勇气发起艰难的对话。

勇气和承认脆弱是同一枚硬币的两个面，推动我们去建立不限于事务性的人际关系。

你需要承认脆弱

在刚工作时，我曾做过银行经理，那时候，我负责的是一个缺乏自信的团队。在那之前，团队的绩效已经落后一段时间了，大家的积极性都不高。在我召开的第一次团队会议上，我向他们承诺，我的首要工作便是确保大家梦想成真。

我发现，当我这样说之后，他们的自信心几乎都有了提高，他们尝试新事物、敢于犯错误且从错误中吸取教训的能力提高了。

即便如此，直至最近，我一直在与"承认脆弱"做斗争。勇气不是问题，如果有需要解决的问题或需要实现的目标，我愿意打头阵。勇气还表现为很强的独立性以及不愿意成为别人的负担。为了找到属于自己的前进之路，我故意将工作与家庭分开，极少谈及我的家庭或社交生活。承认恐惧、担心或缺点的想法对我来说是难以想象的。

那时，我担心任何缺点（记住，我当时是在一个主要以男性为主导的环境中工作）或脆弱信号都会招来别人对我的非议。于是，我自制了一件"无敌战衣"。直到我遇见一位高管，他就影响他职业生涯和家庭生活的重要决策向我征求意见，我才意识到，我需要承认脆弱。

他说他和我分享了那么多，却对我知之甚少，就好像我早就为自己建造了一面保护墙。"战衣"被戳破了！他勇敢地建议我敞开这扇门，哪怕敞开一条缝儿，好让别人进来。

当然，这道墙现在还在，但它已不再是我职业生涯的壁垒。你需不需要以勇气和承认脆弱来实现职业生涯的成功？答案取决于你如何定义成功！

3. 坦率 & 讨论。这关乎我们如何谈论自己与他人的关系，包括我们对他们怎么说，以及如何谈论他们。这涉及在适当的时间进行适当的交谈，以及当问题指向你时，能够听到真实的反馈。培养同盟者就是要在问题变成障碍之前把它们拿出来讨论。

坦率指一种以促进学习及增进相互理解的方式分享观点的能力。它要求积极聆听及以互相帮助为目的参与讨论的意愿。坦率还意味着提供和接受令人难以接受的反馈。

二者的区别像这样："是的，你向管理层做的报告很好"vs."是的，你向管理层做的报告很好，但是，当总裁问到×××问题时，你错过了一个谈论这一问题的绝好机会……如果你能……你的效率会更高"。

我很依赖于坦率的讨论，尤其是在解决企业问题的时候。当讨论进入更"敏感"的层面后，涉及你的个人行为、工作风格，或你的行为对我个人的影响时，我会犹豫要不要说出来。但这仅限于我的部分人际关系中，为什么？

因为跟一些人相处的过程中，对方拒绝我直接反馈。我们未就如何共事达成一致意见，并且我更倾向于在事情不确定之前先以善待人，希望事情会有所改观，于是，问题总是无法得到讨论。

近来，我们为一家保险公司提供服务，这家公司的两位领导者之间存在一些问题。在与其中一人谈话的过程中，我们问："你对菲欧娜说起过你的这种担心吗？"他的答案脱口而出："没有！我不能对她说这些！"我们指出了其中的荒唐之处，他们一起工作了十多年，而他与我们只认识了十分钟。如果他能告诉我们，那为什么不能和菲欧娜谈一谈呢？他们二人都陷入了一种行为模式，也都错失了坦率交流的好处。

4．行动&责任。这涉及坚持履行完你对别人的承诺。这是一个关乎你对待利害关系人一贯"行事"作风的问题，尤其是当你们双方互动困难，或存在不确定性的时候。当我请人们描述一下同盟者时，他们很快列出满满一张纸的同盟者特质。难点不是我们不知道自己应该做什么，而是我们无法完成需要采取的行动。要把清单上的特质变成具体行为，需要很强的执行力。

做一名同盟者不是兼职工作，不是你能安排在每周二下午两点进行的事，需要全天24小时候着。如果我们持续注意前面三点，我们将能逐渐改善工作中的人际关系。想要实现持久的改变，你需要提高"行动和责任"所涉及的能力。现在，花上一分钟，请你的一位同事喝一杯咖啡，问一下你能为他取得成功做什么。

我们都有自己的期望、梦想及困难，这些都是对我们影响最大的东西。因为害怕别人的反应而有所戒备是很自然的事。然而，在这种防守状态中，我们失去了让别人参与我们追逐梦想及克服障碍的能力。

作为你的同盟者，我想要帮助你实现目标。但是，我需要知道你的目标是什么，然后才能帮助你。

在我的公司里，也就是SkyeTeam，我们总谈到"只要有愿望，小马变独角兽"这句话。它能帮助我们确定大胆的目标，并努力去实现。

就在我写作这本书时，我的团队刚刚开始了与规模最大的一家新客户的合作。这个合作机会来自于一名曾经在几年前参加过培训项目的学员。他那时发现了公司内部"人与人之间的问题"，于是找到了我们。他是我们的同盟者，由于他向这个新客户推荐了我们，并鼓励我们"大胆构想"，我们实现了这个（独角兽）目标！

同盟关系的特征

培养有效的人际关系从了解对方的需求开始。时刻关注他，他的动力是什么，他的目标是什么，探索阻碍这些目标实现的障碍是什么，这些都要了然于心。想一想你能帮上什么忙。

这意味着你在索取或者期待回收价值之前要先付出。改善人际关系不是记账，不要局限于事务性交往，或不要只专注于手头的项目任务，让你们之间成为一种健康且富有成效的工作关系，将你的同事作为一个普通人去了解。

同盟关系的特征：

1. **相信资源富足 & 慷慨大方**：分享你的专门知识和时间，辅助别人取得成功。

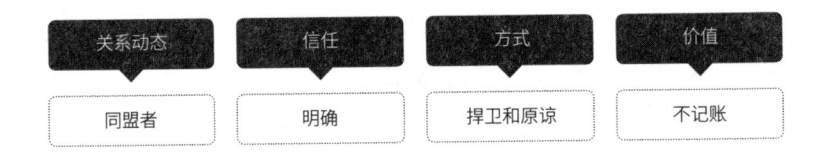

关系动态	信任	方式	价值
同盟者	明确	捍卫和原谅	不记账

······

同盟者不记账。

······

- 信任：明确。信任是促成同盟的根本前提。作为一名同盟者，信任是基于承诺的（对共同成功的承诺）。

信任来源于你对对方言出必行。信任是双方将彼此的最大利益放在心里，而这会为随后的每一次谈话和行动打下牢固的基础。

虽然信任是可以通过行动来累积和维护的，但它开始于付出，而非收获。似乎反了？同盟者从一开始就给予信任，但这种信任不是盲目的。我可以信任我的实习生，让他向团队做展示报告。但是，在未经额外指导或支持的情况下，我不可能放心让他去给主要客户做报告。

• 方式：捍卫和原谅。同盟关系并不总是一帆风顺的：会有紧张、艰难的时刻，也会有误会。同盟者给出的反馈可能会刺痛你，而你可能会本能地保护自己。或许，电话没有像平常一样得到及时回复，或者，同盟者并不像你想象的那样随和。同盟者与其他人的区分标准在于：当这类事件发生时，当摩擦和冲突出现时，同盟者会在事情没有确定之前先以善待人，并假设你始终是积极的。

当事情没有按照计划进行时，我们似乎天生爱朝着最糟糕的方向假设。同盟者会询问并核实你的意图，以避免做出不正确的假设。他会捍卫你的名誉，并原谅你的错误。

• 价值：不记账。在同盟关系中，双方所追求的价值是同等的，但不一定对等，各方均有投入。这种价值可以有多种形式，例如相关专业知识、个性风格、经验、职业生涯的阶段或其他因素。这并不意味着关系是对等的，在同盟关系中，付出和索取（依照这样的顺序）是不记账的。有时候，一方可能看似获利，得到的价值多于另一方，而这种情况在关系存在期间可能一直保持原状。而在其他时候，那种平衡可能又会发生转换和改变。这并不重要，如果你觉得重要，那么，也许你和你所谓的同盟者之间并不是真正的同盟关系。同盟关系的关键在于，双方更看重集体价值的实现，而不是个人获得的价值。

2. 勇气 & 承认脆弱：卸下心防，给予了解的机会。

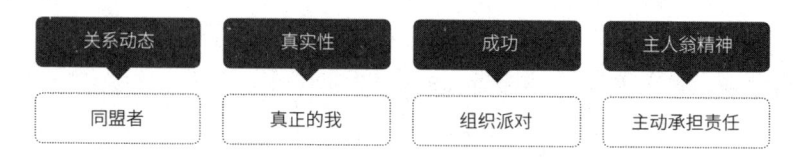

关系动态	真实性	成功	主人翁精神
同盟者	真正的我	组织派对	主动承担责任

- **真实性**：真正的我。能让你放下面具，做真实的自己。在同盟关系中，你可以承认让你停滞不前的担心，以及你努力想要达成的愿望。承认自己的过错，也庆祝自己的成功，达到这种自觉，你才能够坦然承认自己的弱点。

承认脆弱并不意味着你要"全部曝光"，而是意味着，作为同盟者，你对他的了解超乎他在办公室里扮演的职业角色。这不一定是要你们在工作之外进行交际活动，而是说你们要花时间去了解办公室以外的彼此。你们是可以分享工作、家庭及成功的同伴。

- **成功**：组织派对。同盟者会为你庆祝成功和成绩。他会是第一个当众及私底下对你表示祝贺的人。

- **责任**：扮演好他在关系中的角色。同盟者会花时间坐下来谈一谈，明确各种期望值。这种对话侧重于需要实现什么，以及你们将如何合作去实现它。不用假设需要什么。关系的维护是双方的，当误解发生时，不会相互怪罪和责备。一个同盟者会积极主动去发起并再次回到此类重要对话。

3. 坦率 & 讨论：在问题变成障碍之前把它们拿出来讨论。

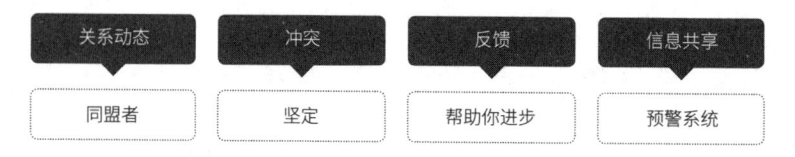

关系动态	冲突	反馈	信息共享
同盟者	坚定	帮助你进步	预警系统

•冲突：坚定。一个同盟者会花时间坐下来与你讨论未达到的期望值。有话不说只会让潜在问题进一步恶化并不断发酵。如果有些事情令你对你们的合作方式感到很失望，那么，你放心，对方也一定对你和你的工作方式感到失望。

一旦隐性的参与规则被打破，期望落空，你们的关系就会陷入危机。我们总假设别人知道我们对他们的期待，但我们常常错了。找时间与同事谈一谈很重要，尤其是对于那些已经相处了很长时间的同事。新项目和新目标可能需要新的合作方式，不要把合作变成一个猜谜游戏，事先讲清楚会为你带来莫大好处。

真正的同盟者会定期回顾参与规则，根据当前和未来的需要对其进行校正。

• • •

同盟者会给予你需要听到的反馈。

• • •

反馈：帮助你进步。同盟者是说真话的人，想要第一时间为你提供反馈，庆祝你的成功和侥幸。他会帮助你研究你需要做的决定，并帮你考虑周全。同盟者会正面处理冲突，避免其成为你们关系（包括你与同盟者或其他人的关系）之间的障碍。

同盟者不只是你的拥护者。当一切都很顺利时，做个同盟者很容易。一个真正的同盟者也是一个能够给你"严厉的爱"的人，如果有你需要听到的反馈（但你可能并不想听到），同盟者会找个时间用适当的方式告诉你。他不会把你丢在一旁不管，他会研究你的选择，帮助你找到方向，并为你采取新行动提供指导。

我的一个客户曾经将这一点描述为友好和友善的区别。

友好属于支持者的范畴；友好的人不分享对方难以接受的信息，或者他会将问题轻描淡写，以至于对方接受到的是无营养的信息。而友善则意味着，即使可能刺痛你，我也得告诉你，因为不这么做，你的处境会更糟糕。

同盟者会：

- 相信反馈的本意是为了提供有建设性的意见。
- 相信对方会认真考虑。
- 打造真诚和敢于承认脆弱的模式。

信息分享：预警系统。同盟者会保证相关信息得到充分分享，并警示对方有可能存在的风险。同盟者会教你如何在爱挑剔的人面前表达。当你吐槽某个问题时，同盟者会帮助你停下来，深刻思考这个问题，并确保你能够采取必要的措施来扭转这种局面。

4. 行动 & 责任：展现出一个同盟者必有的行为。

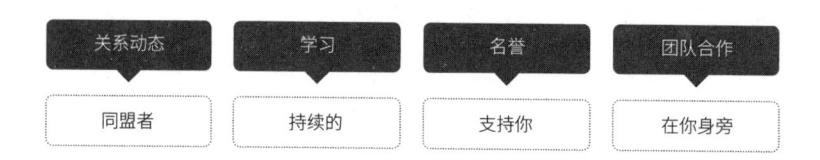

关系动态	学习	名誉	团队合作
同盟者	持续的	支持你	在你身旁

- **学习**：鞭策你提高职业能力。一个同盟者会鞭策你去全力施展拳脚。他会研究出创造性的解决方案，帮助你跨越障碍。可能是从始至终鼓励你去申请一个新角色或争取一次晋升，或是鼓励你接受日益复杂的项目，或者只是鞭策你多花些时间去准备一个重要的演示，他帮助你成为最好的自己，帮助你发现自己的潜力！
- **名誉**：支持你。即使是你不在场，真正的同盟者也会支持你。如果认为你的视角有问题，同盟者会说明观点，或另做解释。另外，他还会提醒你应该在哪方面注意名誉。
- **团队合作**：在你身边。同盟者是始终如一的，你可以向他发出请求，并且知道他肯定会过来帮你。同盟者可以直接帮你排忧解难，例如加入你的行列并帮忙完成某个项目，或者，间接帮助你，如打电话将你引荐给他熟识的某个人。在其他时候，同盟者知道，你不需要他行动，他要做的只是倾听。

同盟让关系更稳固

我会问我们项目的参与者："有一个同盟者或做一个同盟者有什么好处？"他们回答得很明确：自信心增强了。身处一种追求共同成功的文化中，人们觉得自己被赋予了行动的权利，他们不再需要小心提防、担心别人说什么或怎么想，因为他们知道：

"我的同盟者帮助我完成了工作中的一个非常难的项目；他为我提供指导。没有他，我不会成功。"

"我的同盟者让我看到了一个新角色中蕴含的可能性。"

"我在对客户做业务陈述时遇到了困难，不知道该如何去应对异议。我的同盟者花了很长时间和我做角色扮演练习。没有他，我可能无法在销售这一行立足。"

"如果没有我的同盟者坦率地给我反馈，我的事业不会像今天这样。他让我看到别人是怎么看我的（误解我的），以及他们在我背后说什么。我那时还没意识到可能与周围人会关系破裂。我永远都对他勇敢地为我举起镜子并让我仔细地看清自己心存感激。"

"我的同盟者知道我对财务工作感兴趣，于是把我介绍给职位空缺的财务团队。没有这位同盟者，我就不会得到现在的职位。"

随着事业的发展，尤其是当我们的地位达到一定高度后，同盟关系就会变得更加关键。随着职位的升高，压力会变大，我们要做的决定会变得更复杂，而我们的领导力口碑的连锁反应会影响公司内外的更多人。与此同时，听到真心话的几率减少。没有同盟关系的支撑，工作风险会增加，这不仅包括个人风险，还有团队和公司所面临的风险。

另外，有证据表明，在工作中有一个同盟者对个人健康更加有益。与那些不相信在自己承受压力时同事可以帮忙的人相比，那些在工作中有好朋友的人发现，即便是面对同级别的压力，他们的健康管理水平也明显较高。（汤姆·拉斯，《人生一定要有的八个朋友》）

如果你相信自己身处同盟关系中，那么，最好找一种方式告诉对方你是他的同盟者，他可以从你这里得到什么。告诉一个人你支持他可以让说不清楚的事情变得明确，这样做是在赋予对方权利，同时也是在移除假设。结果就是信心增强，关系变得更加巩固。

提醒一句：说"我是你的同盟者"（或你习惯用的其他表达方式），就如同说"我爱你"，因此，请确定你是认真的。如果你的言行不一致，你会毁掉你们的关系，信任度就会降低。另外，我们都知道，说出"我爱你"时我们会期待什么，那就是希望对方说一句"我也爱你"（就像电影《人鬼情未了》中那样）。但是，要做好思想准备，你可能不会立即得到回应，取而代之的可能是一阵尴尬的沉默，或者"哦，好的，谢谢"。你读了这本书，但你的同事可能没读过。解释一下你之所以这样宣告的前因后果，让他自己看着处理。我保证你们的关系会更牢固。

我近来有机会听一次布琳·布朗（Brené Brown）博士的演讲，演讲的主题是"脆弱"。她分享了自己一个朋友的故事。这位朋友打电话告诉她："你是一个半夜一通电话就能过来帮我把醉酒的母亲搬上床的朋友。"本质上，她的朋友在说："你是我的同盟者，而我也是你的同盟者。"这种宣告是在明确她们友谊的性质，对她们来说是一个关键性时刻。

同盟关系以相互尊重为基础。双方都会从中学到一些东西，也都做出各自的贡献。就我的经验而言，工作中的同盟关系可能并且确实可以延伸到工作以外，成为友情；但并非总是如此，也不是必须的。

同盟者是你喜欢与之分享想法、知识和经历的人。他对目标的实现会起重要作用。你会尊重并看重同盟者的想法。不管他是不是你所在领域的专家,他都是一滴新鲜的血液,会打开你的视野。

于是,在以同盟关系为基础的团队和公司中,创造性会增强,害怕自己看起来很愚蠢的心理会减少,真诚和商量着来的氛围增加,从而拥有了更多共同学习的机会。一个学习型机构会是一个增长型机构,行动敏捷,且能够预测不断变化的市场情况。

在鼓励同盟关系的公司中,人们意见统一,为了做出成绩都朝着同一个方向使劲。这并不是说竞争已经不存在了。实际上,在这种氛围下,竞争会增加。但是,这些竞争都是良性竞争,即每个人的能力都得以提高,并且经常产生意想不到的结果。员工的积极性很高,人们居然会期待来上班。

协作和团队精神变成常态。在采用人际关系生态系统™交流方式的公司中,信息流动和决策速度的间隔、地盘战及机构内的政治斗争减少了。人们更倾向于积极询问事情的进展,大家不再关起门来说话。

你所在的公司中,如果每个人都侧重于目标,齐心协力,而不是小心提防彼此,那么,结果会怎样?

总结

- 同盟者心态包括:
  ○ 相信资源富足 & 慷慨大方:分享你的专业知识和时间,指导别人

第 1 章　同盟关系：谁站在你身边

取得成功。

　　○ 勇气 & 承认脆弱：卸下心防，给别人了解你的机会。

　　○ 坦率 & 讨论：在问题变成障碍之前把它们拿出来讨论。

　　○ 行动 & 责任：展现出一个同盟者必有的行为。

- 同盟关系不只是事务性关系，它是人与人之间的关系。
- 同盟关系侧重于"集体价值的实现"，而不是"个人获得的价值"。
- 注重同盟关系的机构，其竞争力会增强。
- 培养至少一段同盟关系。

进阶练习

- 就你的同盟者心态而言，你将自己在下面每个方面的表现定位在哪个级别？

　　○ 相信资源富足 & 慷慨大方

　　○ 勇气 & 承认脆弱

　　○ 坦率 & 讨论

　　○ 行动 & 责任

- 你在哪方面最强？
- 哪方面你可以多加注意？
- 你经常因为担心冒犯别人，或害怕他们可能出现的反应而抑制自己吗？你对反馈有所保留的频率是怎样的？

- 能让你在工作中保持自我的舒适地带是怎样的？什么样的超乎事务性的讨论是你所能接受的，不会令你感到被打扰或不妥？
- 仔细思考你从这一章中获得的深刻见解。对你而言，同盟关系应该是什么样子的？

你的同盟关系

- 重新回顾你的重要利益相关者清单。哪个人虽然现在还不是你的同盟者，但你需要他成为你的同盟者？你怎样去与他培养出有效的人际关系？
- 鉴于你已经更深入地了解了同盟关系的特征，哪些名字可以去掉，或者，需要将哪些名字添加到你的清单里？
- 如果你并没有同盟关系，为了发展这样的关系，你第一步要做什么？

你作为别人的同盟者

- 你是谁的同盟者？那个人怎么知道你是他的同盟者？

欲 获得更多实践资源，请访问以下网站：
www.CultivateTheBook.com

第2章 支持关系：谁在背后挺你

友谊应该是培养出来的，这是友谊第一定律；友谊第二定律是，当第一定律被忽视时，应该宽容。

——伏尔泰（Voltaire）

什么是支持关系

支持关系是有条件的（就像我的幽默感）。当一切顺利且风险较低时，你可以依赖你的支持者。当事情变得艰难时，你会发现，有些同盟者其实是支持者。前一天你的支持者还"在你身边"，与你并肩作战，后一天，他们就转到了"你身后"。

支持关系的七大信号包括：

1. 愉快但没有挑战性。

2. 不传递消息，或者只传递好消息——反馈有限。

3. 关系仍保持在以处理事务为主的状态。

4. 当你该说出（或听到）否定答案时，实际说出（或听到）的却是肯定答案。

5. 你并不确定这个人是否会在你有需要时做出回应或过来帮你。

6. 想提供不容易被接受的反馈时会犹豫。

7. 表现平平成为常态。

做一名支持者是人们最容易选择和展现的关系动态。支持者的目标可能是让自己招人喜欢，喜欢用"请""谢谢"这类词，并且总能按要求完成任务。要把支持者变成同盟者，需要双方都有意让关系超越事务性。

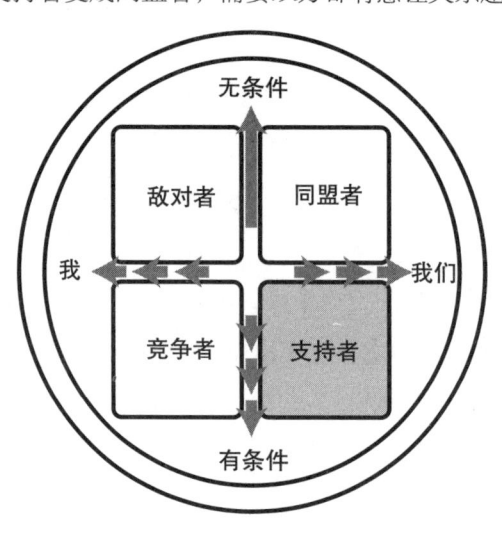

我们曾经与一家保健公司的领导层合作，他们把自己的公司文化形容为"以大家庭为中心"。大多数员工已在公司工作很长时间，人际关系多采用支持者模式，其结果就是自满。他们的文化中并不包括反馈，尤其是不易被接受的反馈。个人和团队的效率都不高，不问责，也不提供辅导。

这种文化的影响就是持续的市场份额下降，这最初还被归咎到了外部经济形势上。虽然近来的经济不景气确实产生了一定影响，然而，正是缺乏真诚的氛围让人们把失败归结于流程、产品和员工，从而使得真正的原因——体系的失败得以掩饰。

在与高层领导进行了一场以探索人际关系生态系统™为主题的交谈后，我发现要立刻改变公司的已有文化，将之调整到"诚实"与"透明"的企业价值观。我们为领导者及管理人员提供了适当的辅导和培训，想办法让他们营造一种坦率的文化。这样做的结果便是，业绩提升了，员工的参与积极性提高了，责任得到了更好的落实。

支持关系的特征

想要诊断人际关系并对症下药，让关系实现健康转化，那么理解很重要。

1. 相信资源富足 & 慷慨大方：分享你的专业知识和时间，辅助别人取得成功。

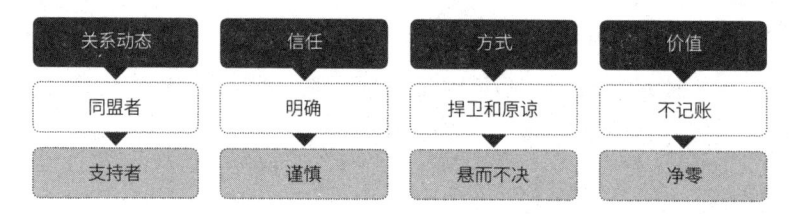

关系动态	信任	方式	价值
同盟者	明确	捍卫和原谅	不记账
支持者	谨慎	悬而不决	净零

· 信任：谨慎。支持者是你的啦啦队队长，他会为你、你的想法及你的成功提供鼓励。当被要求保守秘密时，支持者很可能做得到。就像同盟者一样，有支持者在身边通常是一件令人愉快的事。但是，信任是有上限的。这可能不容易说明白，我辅导的客户的说法是，关系中少了"什么"，正是它阻碍了真正的亲密和诚实。如果对分享个人故事或暴露脆弱有顾虑，那么双方对彼此都是半信半疑的。

· 方式：悬而不决。当事情背离计划时，支持者可能不会立刻给出否定结论，但他也不太可能保持积极的意向。虽然他可能不会为流言蜚语添油加醋，但也不会急着捍卫你。

· 价值：净零。在支持关系中，收获的净价值会是零。这是一种中性结果，任何一方都不会真正有收获。这可能是因为缺乏质疑、坦率的反馈或绩效提升动力。

2. **勇气 & 承认脆弱**：卸下心防，给予了解的机会。

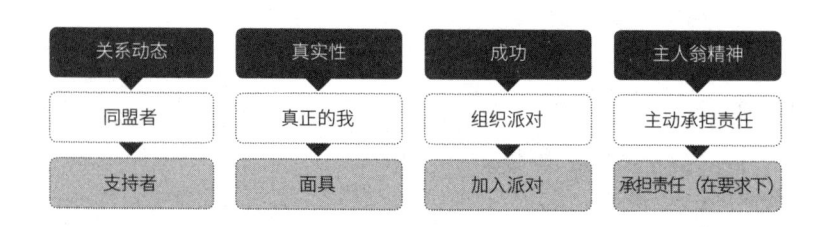

关系动态	真实性	成功	主人翁精神
同盟者	真正的我	组织派对	主动承担责任
支持者	面具	加入派对	承担责任（在要求下）

- **真实性**：面具。冲突可能会发生，但它们只是例外，而不是常态。支持者可能倾向于表面和谐，避免紧张态势，但这种表象可能具有误导性。他们可能不会分享自己的个人问题或担忧。如果你问一个支持者："你怎么样？"你听到的答案很可能是"很好"，他们始终戴着积极的面具。

- **成功**：加入派对。支持者未必会主导庆祝活动，或向别人宣扬你的成绩。他更可能在加入之前先停顿一下，看一下别人的反应。

- **主人翁精神**：扮演好他们在关系中的角色（在要求下）。支持者倾向于保持现状，反应式行为可能多过主动行为。这意味着，如果你发起一段关于关系动态的对话，支持者最初的反应可能是反驳和否认任何改变的必要性。在你的鼓励下，他可能会参与进来，你们可能会达成新的协议，朝着同盟关系的方向发展。尽管如此，不要期待支持者会主动发起这样的对话。记住，培养积极的工作关系这一理念对大多数人来说还是一个新领域，包括你！

3. 坦率&讨论：在问题变成障碍之前把它们拿出来讨论。

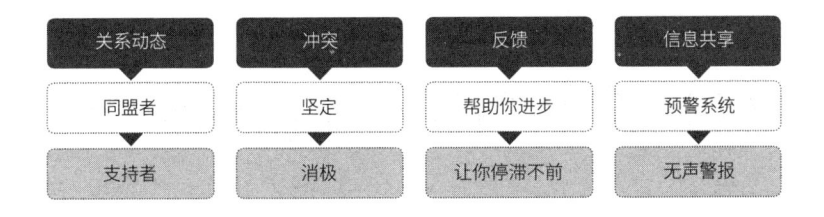

关系动态	冲突	反馈	信息共享
同盟者	坚定	帮助你进步	预警系统
支持者	消极	让你停滞不前	无声警报

...

支持者会让你原地踏步。

...

• 冲突：消极。不幸的是，当情况变得艰难时，支持者会避免承担个人风险。这种"安全第一"的心态可能会危害到别人。

• 反馈：让你停止不前。因为害怕冲突，支持者会避免提出尖刻的问题。这正是友好和友善的差别。友好属于支持者的范畴，他们不分享对方难以接受的信息，或者大而化之，以至于反馈最终变得没有价值。而友善是真正的同盟者的范畴，它意味着，即便信息可能刺痛你，他们也会告诉你（因为这样你会变得更强大且更成功）。支持者通常会让你原地踏步。

• 信息分享：无声警报。同盟者一旦发现风险就向你发出警报，与同盟者不同，支持者倾向于拉响无声警报，也许他以为你已经收到了需要的信息。他可能会留下一些委婉的暗示，但不太可能直接介入，例如告诉你："不要那么做！"或质问你："你在想什么？"

4. 行动 & 责任：展现出一个同盟者必有的行为。

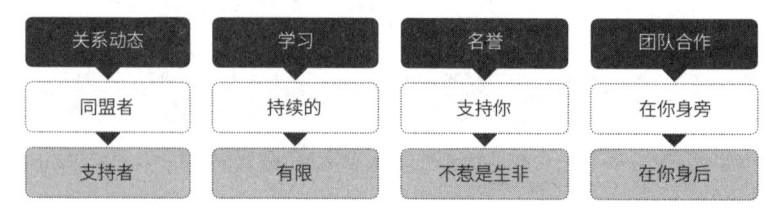

关系动态	学习	名誉	团队合作
同盟者	持续的	支持你	在你身旁
支持者	有限	不惹是生非	在你身后

- 学习：有限。不像同盟关系那样坦率，当前状态会持久地维持下去，极少有良性竞争。结果就是，表现平平变成新标准，创新性和创造力受到损害。支持者可能是个很好的聆听者，但他的支持也就只能到这里。正因为如此，支持者可能（无意间）让你建立起受害者心态。
- 名誉：不惹是生非。正如前面提到的，如果你不在场，支持者不太可能会为你讲话。这可能算不上是问题。但是，当别人质疑你的能力时，支持者这样做可能会给人一种得到认同的感觉，支持者的资历对这种默认的影响很大。多注意你在公司中的人际关系，对避免这种情况很重要。
- 团队合作：在你身后。当情况变得艰难和复杂时，如果涉及个人风险，支持者会退到你身后。当你的名誉被玷污时，他可能没有勇气站出来为你说话。当你风险临近时，他也无法及时发出警告。

支持：暗含危机的关系

在我看来，支持关系是最暗含危机的动态关系。

支持关系可能是轻松舒适的，而且这种舒适可能会导致自满及错置的安全感。支持者可能直到被需要的时刻才意识到："嗨——我并没有承诺要……"

当支持者离开时，我们会震惊，因为那是我们始料未及的。尽管如此，错在我们自己，因为我们没有加强交流，也没有评估关系的健康度。当然，虽然我说支持关系是暗含危机的，但也仅限于我们做出错误假设的情况下。记住，大多数同盟关系都是从支持关系开始的。

对个人的影响

在黏度较低的关系（即那些并不直接影响你的近期目标或优先事项的关系）中，是不是支持关系并不重要。事实上，我们都想要大量的支持关系。我们可以把他们当作准同盟者。

然而，当支持者进入利害关系人阵营时，影响可能是深远的。随着时间的推移，我们可能会发现，支持关系实际上会暗中破坏信任。我们不再向别人征求意见，因为回应没有质疑。

这就有风险了，我们会变得自满，开始相信我们从支持者那里听到的积极反馈。当我们收不到全面、准确的反馈时，我们也就认识不到自己的弱点和盲点，那么，我们的工作表现会受损，职业生涯会停滞不前。

对团队的影响

在与客户合作的过程中，我发现，公司文化是表明公司内部工作关系健康度的一个很好的指示器。

当支持关系成为常态时，我们就会发现，公司的发展是缓慢的，甚至是停滞的。平庸的表现变得可以被接受，创新停滞且公司也失去了竞争优势。当我们回避艰难的对话，而且不提供别人需要听到的反馈时，还怎么能指望他们投入进来？

虽然也分享信息，但却流于表面。因此，决策的质量会受损；错误被视为一个个一次性事件；事件之间的联系被忽略。人们极少花时间和精力去弄明白深层的原因。火可以暂时被扑灭，但当它死灰复燃时，人们还是会感到惊讶。

那些确认内部充满支持者心态的公司，用"像一个家庭"来描述他们的文化。但是，随着深入挖掘，这可能只是逃避艰难对话的一个理由。我并不是在贬损这种家庭式文化的价值，我知道，这种文化会给人一种归属感。但是，即便是最美满的家庭，也不是一直都和和睦睦的。正常家庭都有关系紧张和争执的时刻，而这些往往都发生在面对重要问题的时候。

一家只侧重于和谐（假象）的公司会错过成长的机会。信任恰恰建立在行动适当的时候！

总结

- 支持关系是一种有条件的关系：当一切顺利时，他们会站在你身边；当事情变得艰难时，他们会退到你身后。
- 当认不清支持关系的局限时，这种关系是暗含危机的。
- 一个以支持者为主构建的人际关系网络可能会导致自满及表现平

平，因为其中没有坦率和质疑。

• 一家以支持者为基础的机构表现出的和谐是一种假象，其结果便是以长期成功为代价换取短期的成绩。

进阶练习

• 仔细思考你从这一章中得到的深刻见解。对你而言，支持关系应该是什么样子的？
• 就你自己而言，拥有一个由支持者组成的关系网有何风险？
• 什么情况下支持者的行动会突然引起你的注意或令你感到吃惊？怎样才能做到有备无患？

你的支持者：

• 识别出两个与你有支持关系的同事。
• 你为什么觉得他们是你的支持者？他们做了什么，或没做什么？
• 要把他们进一步发展为同盟者需要付出哪些努力？

你作为别人的支持者：

• 你是谁的支持者？
• 什么情况导致你选择做一个支持者，而不是一个同盟者？

- 怎样才能让你成为那个人的同盟者？

欲获得更多实践资源，请访问以下网站：
www.CultivateTheBook.com

第3章 竞争关系：谁在暗中叫板

> 无论什么时候，当你与人发生冲突时，你们的关系是走向破裂还是进一步加深？有一个因素可能会起重要作用，那就是态度。
>
> ——威廉·詹姆斯（William James，1842—1910）
>
> 美国哲学家及心理学家

什么是竞争者

竞争关系带有敌对行为或冲突等元素，但并不总是这样。作为竞争关系的一端，你可能会感到困惑，有时关系是轻松愉快的，但下一秒则可能充满硝烟战火。

这正好证明了竞争关系是有条件的。人们做事总是有理由的，但要弄明白导致转变的原因却是一件很难的事，理由可能并不那么显而易见。这就是为什么拥有一个同盟者是很重要的原因，因为你的同盟者可能会提供一个健全合理的视角。

在工作期间，所有人都会在不同的时刻有竞争行为。这种竞争可以是良性的，目的是提高业务技能。有时候，你的同事可能与你持有不同的观点。你可以表明自己的不同观点，并随后与之进行讨论，这样做并不会把你变成一个竞争者。竞争行为趋向于破坏性表现为：力图使一方压过另一方，从而使胜出者受益。

与同盟者进行坦诚讨论依然可能是一种激烈且咄咄逼人的互动，但结果却是更多地相互理解。谈话结束时，关系不会受到损伤，甚至可能会得到进一步巩固。在竞争关系中，当讨论不同观点时，焦点和讨论会移向一种输赢模式。关系会遭到破坏，至少一方会退出讨论并感到受伤。

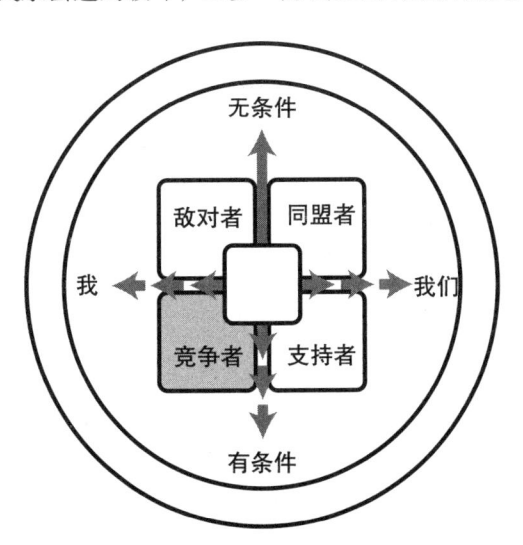

以下情况中，竞争行为会成为问题：

- 讨论分歧的时候采用不健康的表达方式（例如，挖苦或消极攻击行为），导致谈话无法进行，或者导致别人话到嘴边留三分。
- 争论的重点放在了谁对谁错的问题上，各方都不肯退让，从而无法找到可以达成一致的点（即使留同存异也不行）。
- 意见不同成为常态。例如，我们来开会就是为了吵架，而不把注意力放在等待决定的业务决策上。
- 一方退出讨论，感觉很不爽。

在许多方面，竞争者都与敌对者不同。一般而言，竞争者并无恶意，他们只是一心为自己，并力图实现个人目标。在竞争者看来，如果有人在这个过程中受到了伤害，那也只是他们的不幸。

竞争的目标可能是保证更多预算或争取编制之类的东西，也可以只是与老板面谈的五分钟。对于这种"我优先"的做事方式，竞争者的正当理由是"这是生意"。经验告诉我们，竞争关系很容易恶化并变成敌对关系。

有时，竞争者可能意识不到他们的负面影响。我见过这类人，听到别人对自己的评价后他们往往很吃惊，也很窘迫。因为那不是他们的本意，所以他们愿意甚至渴望商讨出一种新的前进方式。记住，一些持有"我优先"态度的人并不一定想要为难你，他们只是没有考虑到你。

在事情没弄清楚之前先以善待人，注意你的本能反应。同时想想以

第3章 竞争关系：谁在暗中叫板

下几个可以证明你可能正身处竞争关系中的信号：

1. 他们只有在需要从你这得到什么时才来找你，他们的焦点在事务上。
2. 在准备会见这个人的时候，你会感觉到压力和不安。
3. 你发现自己会与别人闲聊这个人。
4. 你在互动过程中带有防备性，时刻保持警惕，处于备战状态。
5. 你因为害怕他们的反应而犹豫要不要分享信息或提供反馈。
6. 你并不在意他们成功与否。

案 例

大卫近来刚完成一家大型采矿公司的毕业生实习计划，接着便被派往一个运营岗位，负责管理一组工程师。这个新角色是他的第一个管理职位，他领导一个由十人组成的团队，其中还包括一些已经在这家公司工作了几十年的老员工。

团队中有一个叫斯蒂芬的人也申请过这个管理岗位，并且认为这个岗位就应该是他的，而不应该给一个"初出茅庐"的实习生。斯蒂芬和他的死党们决定刁难这个新上司，他们总是搞些小动作，例如，背后散布谣言，对大卫的指令总是阳奉阴违等。

第一个月结束时，情况并不见起色，团队的绩效在下滑，他的主管也有了一些质疑。于是大卫决定采取行动，勇敢面对，他决定与斯蒂芬直接谈一谈，消除误会。他找了一个机会在厂区外与斯蒂芬见面，以便对话在中立的基础上进行。他先表述了自己的担心及探讨他们的工作关系的渴望。斯蒂芬道出了自己得知错过晋升机会后的失望，大卫深感同情。之后，大卫指出，他们现在的位置是公司的安排，而不是他们中任何一人所能决定的。

大卫决定为斯蒂芬提供辅导，帮助他填补公司认为的他在做事风格上的差距。然后，大卫说，他需要斯蒂芬承诺，从他一直表现出来的竞争模式转换到支持性的模式。在经过一番思考之后，斯蒂芬同意了。九个月后，大卫被提拔到了一个新岗位，而斯蒂芬成了这个团队的新领导。

竞争关系的特征

1. **相信资源富足 & 慷慨大方**：分享你的专业知识和时间，辅助别人取得成功。

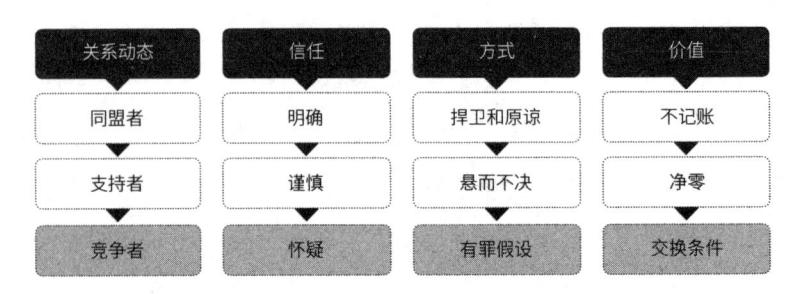

关系动态	信任	方式	价值
同盟者	明确	捍卫和原谅	不记账
支持者	谨慎	悬而不决	净零
竞争者	怀疑	有罪假设	交换条件

- **信任：怀疑。** 竞争关系是有条件的。如果情况正好符合竞争者的个人计划，那么，他会与你合作，甚至帮助你（不像敌对者，无论如何都要和你唱反调）。关系动态的波动导致怀疑。
- **方式：有罪假设。** 竞争者不一定会是流言的始作俑者，但却可能火上浇油。他对你的评价很可能会着重于你没有达到他的期望值。对此，证据已经收集好，他很可能在一个会降低你的公信力的时间拿出来。你的竞争者可能会这样说："我早就告诉过你。"同时，他会对你的能力表示质疑，而将注意力从他或他的团队问题上转移开。
- **价值：交换条件。** 竞争者会记账。他们计算自己的付出，并期待得到一些回报。每一次互动的潜在利益或回报他都会仔细评估。这与同盟者形成了鲜明的对比，同盟者首先侧重于你的价值，随后才是共赢。

2. 勇气 & 承认脆弱：卸下心防，给予了解的机会。

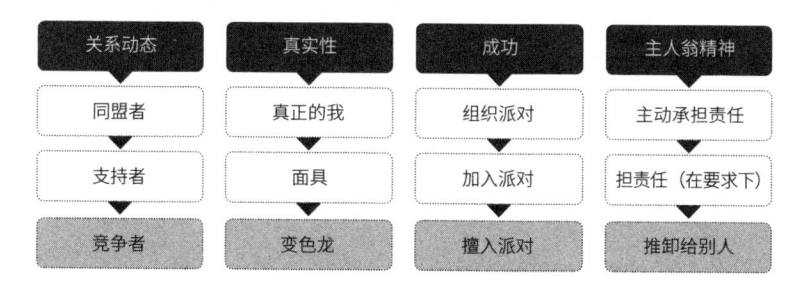

关系动态	真实性	成功	主人翁精神
同盟者	真正的我	组织派对	主动承担责任
支持者	面具	加入派对	担责任（在要求下）
竞争者	变色龙	擅入派对	推卸给别人

- **真实性：变色龙。** 竞争者擅长操纵派系之间的局势，从而提高自己在决策者面前的名望。竞争者可能会做出变色龙一样的行为，当面答应一件事，转眼又传达（或不传达）出另一种标准或时限。这些计谋可能是为了破坏你的成功而设计好的，但也可能是为了实现自己的目标而不

惜损害他人。害人之心不可有，防人之心不可无。

• **成功：破坏派对**。竞争者喜欢将自己与别人的成功联系在一起。他们有可能说出讽刺挖苦的恭维话。我想起一次在全体员工大会上，一个主管对一个无需直接对他汇报工作的团队进行褒奖。在大家的掌声中，他将奖品颁发给了这些团队成员，同时附加了一句领导评语："当然，你们是因为我才取得了这样的成绩。我本可以做得更好一些。"

在如此引人瞩目的活动上，他可能是一时脑热做出的搞笑尝试，但伤害已经造成。一瞬间，员工们在得到赞美的同时也被暗箭所伤。这实际是一种试图抢人风头的竞争行为。

• **责任：推卸给别人**。除了利用别人的成功抢风头，竞争者有时还会将注意力从自己身上转向别人。当结果不尽如人意或关系质量变得很差时，竞争者会倾向于责备别人，而不是承担责任。他们通常会有一堆的理由证明对方如何令他们失望。这可能是最具破坏性的行为之一。虽然竞争者可能会坐下来与你一起讨论双方的参与规则及合作方式，但他日后未必会信守承诺或重新回到这类对话。当摩擦发生时，竞争者很可能会选择在计划遇到麻烦之前不公开表示自己的担心，而一旦麻烦出现，他会说出他的失望，而且通常是在别人面前。

3. 坦率 & 讨论：在问题变成障碍之前把它们拿出来讨论。

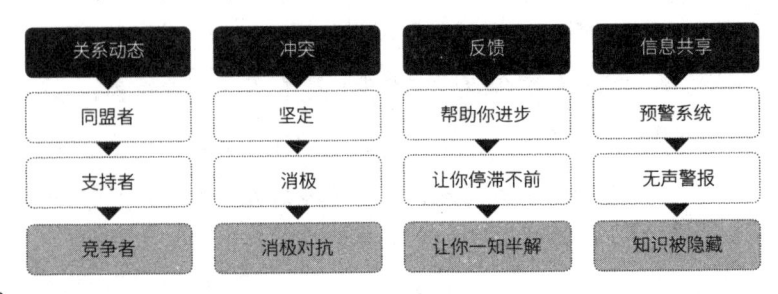

关系动态	冲突	反馈	信息共享
同盟者	坚定	帮助你进步	预警系统
支持者	消极	让你停滞不前	无声警报
竞争者	消极对抗	让你一知半解	知识被隐藏

- **冲突：消极对抗。**对于你的想法，竞争者可能会扮演"魔鬼代言人"的角色。最好的情况是，这会为你提供一个视角，以及对风险的一种警告。最糟的情况是，事情变得危险，信心被削弱，决策速度变得缓慢。另外，要警惕不寻常的不坦率，因为你的竞争者可能会选择旁观你的失败。
- **反馈：让你一知半解。**竞争者可能会在你提出问题时提供一些看法，但这种反馈只是你需要听到的反馈的一部分。他可能并不是不诚实，但遗漏的错误确实可能发生。
- **信息分享：知识被隐藏。**在工作中，竞争者以知识就是力量为信条。因此，他的信息分享会有所保留。他将想法保留下来，除非可以带来私利，或被直接要求，不得已才拿出来分享。这种"你仅需要知道"的行为体现在许多方面：

  ○ 不主动提供支持计划所需的资源（人力、预算等）。
  ○ 使个人及团队边缘化，或者将决策紧紧控制在他们的专业意见范围内。

这种行为的目的是排斥而非团结其他人。

4. 行动 & 责任：成功展现出一个同盟者的行为。

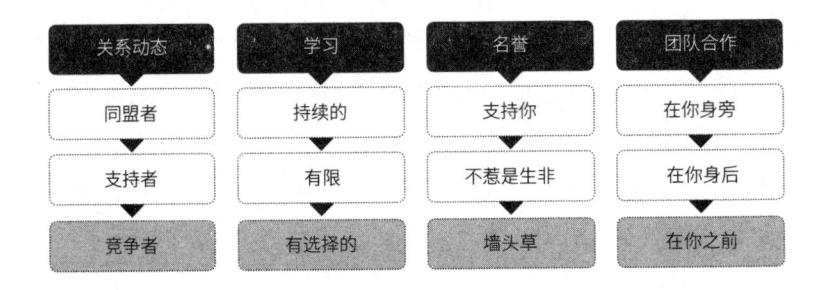

关系动态	学习	名誉	团队合作
同盟者	持续的	支持你	在你身旁
支持者	有限	不惹是生非	在你身后
竞争者	有选择的	墙头草	在你之前

• 学习：有选择性的。竞争者容易忽视持续进取的重要性。他很可能会相信，他的成功是因为自己的个人风格，而忽略你的贡献。他很可能不理会协作、参加课程或阅读最新书籍或文章的必要性。

• 名誉：墙头草。竞争者可能会加入饮水机旁嚼舌根的行列。有时候，他可能会开启这类交谈，或从中添油加醋。竞争者可能会不经考证就把他听到的谣言传播出去。

• 团队合作：在你之前。在每一次互动中，竞争者都会把注意力集中在"对他有什么好处"上。当涉及团队合作时，虽然他可能表面看起来很有协作精神，但在最后冲击时，他会跑到前面，先于其他人完成任务。

竞争：我能从关系中学到什么

需要注意的是，竞争者一词针对的是一类行为，而不是个人。如果我们把这个标签贴到了个人头上，就会破坏客观改善关系的能力。我们可能会在我们的故事中把这个人描绘成一个反派角色。这样，在管理人际关系时，我们就只剩下了两种选择：殉道者，或是牺牲者。这两种角色都不好过。

牺牲者心态会阻止我们采取行动，它会阻止我们讲真话及进行重新设定期望值的对话。殉道者心态则会被用于替不好的行为或报复性行为做辩护。如，"我别无选择，他把我逼到了墙角"，这种理由忽略了我们的反应对别人的影响。竞争关系所能提供的最大积极影响便是增加我们的好奇心，从而引导我们自问："我能从这种关系中学到什么？"

我们无法控制其他人，但我们确实能够控制自己，以及选择如何回应别人。当你反思你的竞争者关系时，考虑一下你在回应时扮演了哪种角色：竞争者，牺牲者，还是殉道者？对我们而言，最大的挑战是忠于同盟者心态和行为，不要以牙还牙，也不要放弃，而是要促成可以带来积极变化的对话。

对你的影响

在辅导过程中，我请客户想象一下他们即将与竞争者碰面的情形，并分享一下他们那一刻的心情。我听到的其中一些答案如下：

"我会带着一种防御心理准备对策。"

"感到压力和不安，我会想，这个人会不会再让我看起来像个蠢蛋一样？"

"我在想让他安分和打赢他的办法。"

"我想的是竞争，但我现在意识到，那不是良性竞争。"

"我感觉很生气，对她，也对我自己，还有整个情况。"

花一点时间想一想你面对一个竞争者时的经历。与竞争者共事对你的态度产生了怎样的影响？对你的注意力又有何影响？

当我们把注意力集中于竞争者时，当我们的策略全都着重于如何赢得胜利时，我们并没有把重点放在手边的业务决策上。当我们的内心越来越关注个人而非大局时，创新就会遇到困难。

竞争关系自然带有竞争性，但它也可以带来积极的好处！竞争者会让你离开你的舒适区，促使你朝着更好的方向发展。尽管如此，与同盟关系中的良性竞争不同的是，竞争关系中通常只有一方可以成长。

对团队的影响

我在不同行业及不同国家的很多家公司工作过，做过普通员工，也做过顾问。每一家公司都有内斗、办公室政治、分帮结派、地盘战及不良竞争。这些都降低了公司的绩效，同时也降低了员工的成绩。

你可能拥有最好的产品或服务，但如果你无法让你的人齐心协力，那么，绩效会受到损害，而这也会危及你的业绩。当怀疑、不信任、办公室政治或有害行为等问题得不到解决时，人际关系会陷入机能紊乱的旋涡，竞争者或敌对者行为会蔓延。

根据我的研究，那些能够顺利度过金融危机的企业都是人际关系足够牢固的企业，在这类企业中，竞争者行为也被连根拔除，而内部竞争是良性的，并能够鼓励优秀表现。

培养有效的人际关系的能力有助于保持个人对工作的积极性，并促成整个公司的持续性成功。

总结

- 竞争关系是有条件的。
- 仅竞争性行为并不能表明竞争关系的存在，但破坏性冲突能。
- 竞争关系容易在支持者及敌对者行为之间跳跃，包括党派操纵、流言蜚语、信息保留及地盘战等。
- 通常，全神贯注于胜利或面子，会释放竞争行为中固有的破坏性，从而影响个人和团队的绩效。

进阶练习

- 拥有竞争关系对你的职业能力和表现的提高起到过怎样的鼓舞或激励作用？

你的竞争者：识别出在工作中让你面对竞争者行为，且你愿意与之培养出更有效的人际关系的两个人。

- 如果这些关系得不到改善，你的工作效率及满意度会发生什么？
- 如果你不曾试着解除忧患，为什么？是什么让你退缩？
- 竞争关系的哪些特征与你关系最大？对你取得成功的能力影响最大的是什么？
- 要把这种关系朝着支持或同盟关系发展，需要怎么做？

你作为别人的竞争者：

- 哪些情况下，以及对谁，你会表现出一个竞争者的样子？
- 描述一种你表现出竞争者行为时的情形。导致你这么做的原因是什么？有什么影响？
- 怎样才能让你变成那个人的支持者或同盟者？

欲获得更多实践资源，请访问以下网站：
www.CultivateTheBook.com。

第4章 敌对关系：谁在背后捅你一刀

了解敌人对我们还是有好处的——特别是那种有可能在某一天成为朋友的人。

——英国首相玛格丽特·撒切尔

（Margaret Thatcher，1979—1990在任）

敌对者与竞争者有何不同？在大多数案例中，敌对者的行为是故意的，他们一向秉持一种不支持的态度。

这种行为可能是明显的，即，你和其他人都知道发生了什么，也知道谁是敌对者。但也可能是隐蔽的，你知道有问题，但却找不出始作俑者。

在职业生涯的某个时刻，我们都会遇到一个敌对者，希望你不会遇到很多个。在下列情形下，你正处于敌对关系中：

1. 你总要小心提防，想知道下一次袭击会发生在什么时候。
2. 你要不停地面对一些障碍，这让你的成功变得很艰难。
3. 你的建议处处遭到反对，且理由并不充分。
4. 你的敌对者会在别人面前公然批评你，并且特别喜欢看你出错，把那当成你能力不足的证据。
5. 你经历着饱含敌意的对待及气氛紧张的互动。
6. 你发现自己在躲避这个人。
7. 你在开会时只侧重于他的需求和关注点。
8. 你们之间的对话更像一场独角戏，你的观点几乎得不到认可。

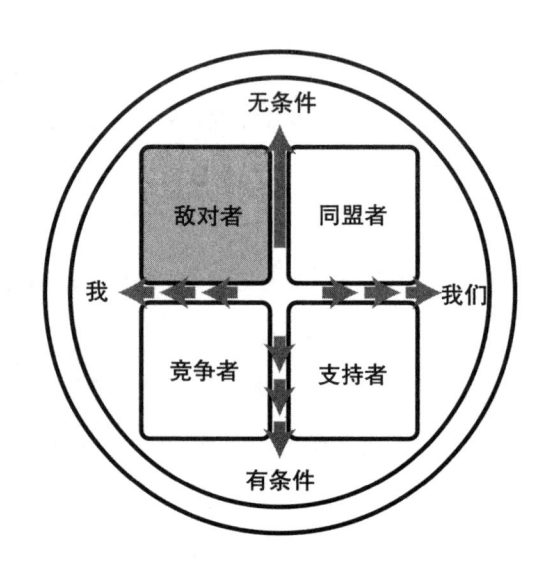

第 4 章　敌对关系：谁在背后捅你一刀

一种人际关系鲜少以这种方式开始。但我也承认，在这个星球上确实有一小部分人似乎对自己敌对者的名声得意洋洋。尽管如此，在大多数情况下，一种敌对关系的发生其实是你自己作为或不作为的结果。是的，我说的是你自己。这通常涉及很严重的疏忽，包括：

- 察觉不到关系的健康度在恶化。
- 无法面对真实的自己，不能够诚实地评估你一直所扮演的角色。
- 认识不到明确期望值的迫切性。
- 无法通过适当行动使关系在变得不和睦之前回到正轨。

敌对关系并不是从头到尾都是敌对关系。我听到过一些故事，故事中的敌对者开始是同盟者，而后来"变成"敌对者。（是的，一些领导者曾就如何应对自己团队中的敌对者而向我咨询建议。）

谁是你的潜在敌对者？你对哪些人际关系很担心？你下班后会抱怨谁？哪些职场关系让你的职业生涯变得不顺利？

在这一章中，我们会揭开处理敌对关系所需的语言及工具包的面纱。我们可以降低这类关系所带来的影响，甚至把它们变成竞争、支持或同盟关系。

敌对关系的特征

1. 相信资源富足 & 慷慨大方：分享你的专业知识和时间，辅助别人取得成功。

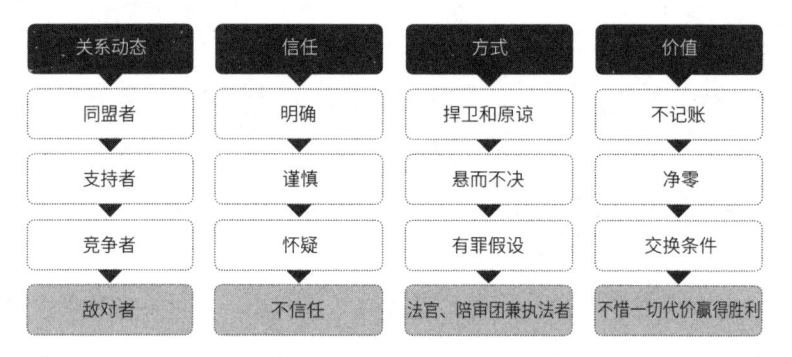

关系动态	信任	方式	价值
同盟者	明确	捍卫和原谅	不记账
支持者	谨慎	悬而不决	净零
竞争者	怀疑	有罪假设	交换条件
敌对者	不信任	法官、陪审团兼执法者	不惜一切代价赢得胜利

- 信任：不信任。敌对者的行为会逐渐腐蚀信任，且可能最终摧毁信任。敌对者不信任别人，并很可能会将问题描绘成对方的错。

- 方式：法官、陪审团兼执法者。鄙视别人的错误和失败，以此来损毁别人的名誉。敌对者可能会承认自己的行为背离了预期，但他们总能为自己辩护，把原因归结于他人。

- 价值：不惜一切代价赢得胜利。敌对关系中根本就不存在记不记账的问题。这种关系的目的是索取，只关乎你必须做什么。重点被放在个人利益上，而不是集体利益。

2. 勇气 & 承认脆弱：卸下心防，给予了解的机会。

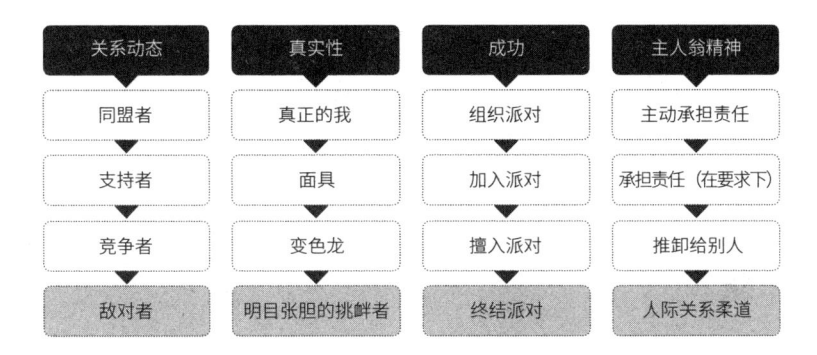

关系动态	真实性	成功	主人翁精神
同盟者	真正的我	组织派对	主动承担责任
支持者	面具	加入派对	承担责任（在要求下）
竞争者	变色龙	擅入派对	推卸给别人
敌对者	**明目张胆的挑衅者**	**终结派对**	**人际关系柔道**

- 真实性：明目张胆的挑衅者。在某种程度上，真正的敌对者可以说是诚实的，即你所看到的正是他们本来的样子，他们不会表现得想要与你好好合作。敌对者可能会为了达成目标而公然挑起事端。

- 成功：终结派对。如果说竞争者抢风头抢的是聚光灯，那么，敌对者抢的就不只是聚光灯了，还有麦克风和谢幕的欢呼声。我想到了一家公司的庆典，当时，场内一侧坐着一名敌对者，不断嘲笑获得荣誉的人。那一刻，没有人站出来阻止他这种极其令人反感的行为。而结果是，活动早早结束，每个人都很尴尬。绝大部分参加活动的人都知道这个人的行为造成了恶劣的影响，但他们没有应对的办法。

- 主人翁精神：人际关系柔道。敌对关系的运转完全发生在事务层面上，有些事不得不做，但做起来很可能不太顺利。如果需要从敌对者那里得到什么，你会觉得就像从老虎嘴里拔牙一样难。如果他们需要从你这得到什么，多半是要求而不是请求，还必须在短时间满足他们。敌对者不大可能与你分享他们的故事、经历或想法，并且他们也不会谈论到这些东西。

3. 坦率 & 讨论：在问题变成障碍之前把它们拿出来讨论。

• 冲突：咄咄逼人。敌对者总是先发制人地挑起话题，对问题或他人进行直接攻击。他们还可能会任由冲突升级，而这很可能会让一些持有偏见的人更偏执。

• 反馈：打击你。敌对者不大可能提供建设性反馈。即便提供，也以否定为主，且方式简单粗暴。当你对他的行为给予反馈时，他很可能会进入一种防卫状态，声称那是别人的错。

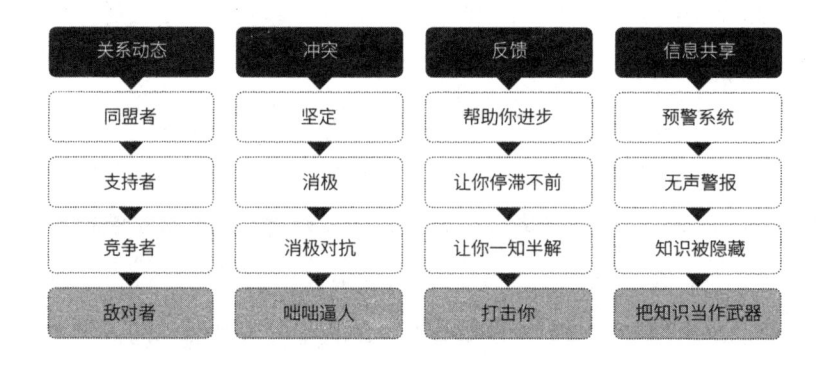

关系动态	冲突	反馈	信息共享
同盟者	坚定	帮助你进步	预警系统
支持者	消极	让你停滞不前	无声警报
竞争者	消极对抗	让你一知半解	知识被隐藏
敌对者	咄咄逼人	打击你	把知识当作武器

• 信息共享：把知识当作武器。与竞争者一样，在工作中，敌对者相信知识就是力量。但是，敌对者的想法又不止如此，他们还相信，知识可以被用作武器。信息分享（或保留）的目的是最大限度地破坏另一人的成功或名誉。

4. 行动 & 责任：展现出一个同盟者必有的行为。

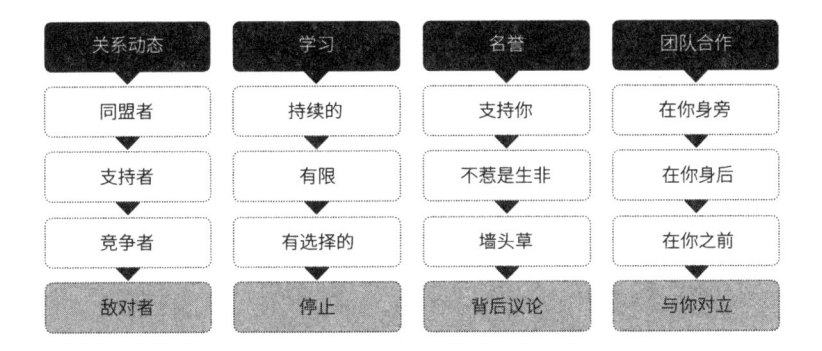

第 4 章 敌对关系：谁在背后捅你一刀

关系动态	学习	名誉	团队合作
同盟者	持续的	支持你	在你身旁
支持者	有限	不惹是生非	在你身后
竞争者	有选择的	墙头草	在你之前
敌对者	停止	背后议论	与你对立

- 学习：停止。有时候，尽管会破坏关系，但高效率的敌对者确实能够做成一些事情。于是，敌对者会把这些成功用作维持其做事方式的理由，声称别人需要"磨炼"。这种防卫型的行事方式会让你很难采取应对行动，但这些行动是必要的。短期结果不能被用作长期成功的质押品。

- 名誉：背后议论。敌对者不会隐藏对你的看法，并且会在别人面前公开指责你。

- 团队合作：与你对立。敌对者倾向于侧重自己的工作安排，而不是团队的工作安排。

敌对关系：让你筋疲力尽

应对一名敌对者会大大消耗你的精力，高度警惕可能的破坏活动会让你身心俱疲，被诱发一些情绪是情理之中的事。虽然我们不能阻止其发生，但我们可以学着缓解。

我们可以用救火和实际表现出纵火犯倾向的人（为了显示自己的能力而故意制造危机）所带来的风险做个类比。如果我们把救火的关联性延伸至对待敌对者的问题上，我不建议以火攻火。你的长期声誉比短期利益更重要。不管你对报复性打击有多么充分的理由，请保持你的专业性。

你要做的是，花时间去思考你们之间的关系，以及你在其中扮演的角色，然后确定你能够采取的行动。

对个人的影响

我见过能力很强的领导者，在面对敌对关系时会自我怀疑。他们首先侧重的是避免犯错（以免给人留下反对他们的把柄），而不敢在明知有风险的情况下去冒险。他们把敌对者的存在归咎于自己（因为他们相信，如果足够聪明，他们就不会树敌），这真是一个悲剧。智商与你是否会树敌没有关系，而牺牲者心态只会阻碍我们改变自己的心态。

即便你足够幸运，不会成为敌对者的直接目标，但放任敌对行为最终也会影响你作为领导者的声望。随着事情的展开，其他人会疑惑："他们为什么不管？"其中的"他们"指的就是你。

第4章 敌对关系：谁在背后捅你一刀

对团队的影响

盖洛普研究估算，美国的"橡皮族"员工每年消耗的成本约3820亿美元。敌对者行为会导致标准的降低及毒性工作环境的形成，而这种情况下，你的高绩效员工会离开。

- 个人及团队之间的差距拉大，很可能导致公司分裂。
- 随着个人之间战线的划定，信息流动会减速。
- 决策质量退化，目标的实现被延迟。
- 团队成员不再关注工作，反而关注人际关系。
- 领导层的信心下降。

当人际关系出了问题时，每个人都不好过。敌对关系不会只保持在个人层面上，某种情况下，其他人将不得不选择一方。这种附带损害不仅会挫伤士气、降低绩效，当员工把他们的内讧故事告诉全世界时，它还会损害公司的声誉。

总结

- 鲜少有一开始就是敌对关系的关系，它通常源于你的作为或不作为。
- 敌对关系的特征包括：有所保留的支持、霸权的构建、鼓励挑起冲突、不坦率及人身攻击。

- 不处理这类行为的话，即使没有涉足敌对关系的人，名誉仍有可能受到损害。
- 敌对关系不只是个人的问题，而是整个公司的问题。

进阶练习

- 你见过什么样的因别人的敌对关系而受牵连的例子？
- 敌对行为会对你的工作产生什么样的影响？

你的敌对者：识别出一两个对你有敌对行为，但你希望能够与之发展出更有效的关系的人。

- 描述一下你最近一次与敌对者的相处。你是怎样回应的？对你们的关系有何影响？
- 如果你决定在事情不确定之前先以善待人，那么，你认为对方的意图是什么？

你作为别人的敌对者：

- 描述一下你采取敌对行为时的情形。你为什么会那样做？你的行为对别人产生了怎样的影响？
- 敌对行为对你有何影响？

欲获得更多实践资源，请访问以下网站：

www.CultivateTheBook.com

PART **1**

第一部分
人际关系生态系统

PART **2**

第二部分
绘制你的人际关系图谱

PART **3**

第三部分
人际关系的重建

第5章 什么会影响你的人际关系图谱

> 在如此疯狂的一项事业中，你知道有这样一个人，他真的很聪明，你在乎他、对他感兴趣，而且他和你朝着共同的方向努力，那就是伙伴。
>
> ——罗恩·霍华德（Ron Howard）
> 《谈布莱恩·格雷泽》（*About Brian Grazer*）

人际关系生态系统™是一种用于了解你在工作中的人际关系的健康度的模型。在开发这一模型及我们的课程时，我的目的是提供一种表达方式，让大家能够讨论如何一起工作以及怎样采取行动来提高互动质量。我们想要得到以下结果：

- 确保就参与规则达成一致。
- 最终了解彼此的动机是什么。
- 识别出可能妨碍出色表现的因素。
- 加强协作、坦诚及团队精神,为明确的目标提供支持。
- 提高个人适应能力及有效驾驭变化的能力。

这一模型的目的是打下一个基础,为假设和经验设定一种评估基准,为探索什么有效和什么无效提供一种表达方式。这一模型还会帮你评估正在经历的冲突和压力,以便你能够做出合理的调整。

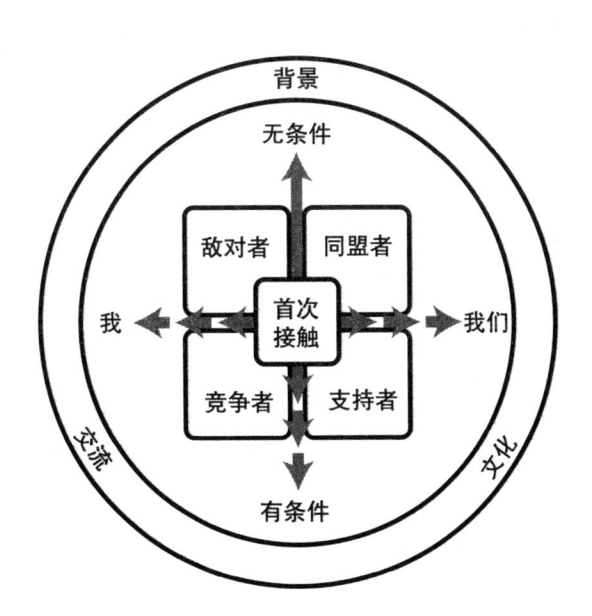

就构建人际关系而言，人际关系生态系统™模型的中心是内心的、微观层面的——你与利害关系人之间可能进行的互动。这一模型可应用于个体人际关系，也可应用于团队。

在详细讨论模型中心之前，我们先退一步，看看整体情况。宏观层面如图形的外环所示，侧重于三个区域：

- 你的人际关系背景；已存在的人际关系的历史及随之产生的包袱。
- 你的人际关系所处的机构文化。
- 你用来构建这种人际关系的交流方式以及对话。

右脑型读者请紧跟我的思路。我们对这一主题的仔细审视是为了拓展世界观、增强技能及获得成功！这一生态系统还能测定机构的发展是否健康，我们可以"跟着感觉走"，或者尝试逆向构建我们的成功事业，但如果我们肯花一些时间，把这一模型应用到职业生涯和工作场所中，我们会成长得更快一些。

因为在任何一种环境中，人际关系生态系统™中的每一个元素都是相互依赖的。没有任何一种魔力药水能够改变职场人际关系的这一性质！但是，你可以挑选一定的策略及解决方案来助推你的事业走向成功。

彼得·圣吉（Peter Senge）这样描述系统思维："用于看清整体的训练……一种框架，用于看清相互关系，而非事物本身，看清变化模式，而非静止的'快照'。"系统思维考虑的是所有事物是如何关联在一起的。当我们把它应用于人际关系时，它将从根本上改变"六度分隔"的理念，并促成一种新方法，即"六度关联法"。

文化

•••
新的运作心态是"六度关联法"。
•••

你的工作环境会有消极的方面，也会有积极的方面。你要清楚，你所处的职场文化对于培养积极的环境是必不可少的。

职场文化包括机构价值观、愿景、语言（行话和缩略词）、体系、标志、习惯及信仰（所讲述的神话与传说）。这些构成了工作开展方式、常规流程、行为及心态的基础。

例如，如果团队成员之间习惯于大喊大叫，不懂得相互尊重，如果人们总想着说人闲话和背后放冷箭，当众训斥别人的事情时有发生，那么，你很可能处于一种不健康的文化中，久而久之会发生破坏性冲突。

健康的文化中依旧可能发生冲突，但这种冲突是一种增进相互了解的途径。当意见不一致时，大家会以一种相互尊重的方式来处理问题，最终结果是强化（而非损害）人际关系。人们愿意讨论那些艰难的问题，坦率的反馈是常态。

有些公司的文化（方针、流程、宣传海报、愿景声明及使命宣言等）通过文件明确告诉你，而有些未成文的规则，通常要靠给新员工进行入职培训的老员工来总结，他会告诉你"这里的事情实际是怎样运行的"。

其中包括"房间里的大象"和"角落里的大猩猩"，即大多数人心知肚明但却选择避而不谈的问题和话题，因为他们害怕对方的反应。

一家公司的文化会影响人与人之间、团队与团队之间的互动方式，并跨越公司的范围去影响客户体验。

再讲得复杂一点，我常常会遇到各种次文化，它们可能与机构的整体环境一致，也可能与之冲突。这些次文化的存在可能是地域差异的结果（如一家跨国企业），也可能由不同的领导风格导致的。

…

在健康的文化中，错误会被当作学习机会，公司注重对员工的投入和培养，以便开启他们的全部潜能。

…

拥有建设性文化的公司愿意对员工投入，以开启他们的全部潜能，从而更好地调动他们的积极性。员工有足够的信心去承担未知的风险，错误被当作学习机会，而非惩罚的理由。交流是经常性的、开放式的、有效果的。员工会为他们的工作、新产品及品牌感到自豪。

健康的人际关系生态系统所带来的成果很容易分辨：富于创新及创

造力、重质量胜于重数量、持续改善是常态，以及从团队层面而非个人层面去评判价值及作用。

•••
在不健康的文化中，纠错和扫除错误成为一种荣耀徽章。
•••

在崇尚不健康文化的机构中，重点更多地被放在需要完成的任务上，而非放在完成这些任务的人身上。成功是个人的需求，甚至不惜以牺牲整个团队的成功为代价。在一种毒性的生态系统中，我们会看到不断增加的压力和团队间的冲突，纠错成为一种荣耀徽章，决策变得更具控制性，头衔说了算，而有相关专业知识的人却总是说不上话，互动也是为了保护自己的地盘。最终，业绩受损，公司和个人均难逃损失。

在这样不健康的公司中，请求帮助会被当作软弱的表现。人际关系围绕内部竞争而建立，人们做事针锋相对，而非拧成一股绳。对短期利益的关注和"我优先"的想法导致企业忽视竞争格局。

背景

人勒是深初于换静中的升物。是时上，没油雨镜，我们就五法月度。只耀词余的地一个和最厚一个字幕保持原为，起他的到不是很中要。

这堆乱七八糟的东西，展示了人类大脑如何利用背景加工其所接受到的信息，预测接下来要发生的事情，及决定采取何种行动。

为什么我们会觉得跟着音乐唱歌比清唱简单？因为有背景。同样的，我们在工作中偶遇某个有业务往来的人时，能记起他或她的名字，而周六下午在杂货店里遇到这个人时，却怎么也无法把名字和这张脸对上号。

同样，当我们看到一堆字母或词语时，就会立刻脑补接下来的内容，试图用以往的经验来解读它们想表达的内容。

我们评估人际关系时，背景很重要。历史，以及已经存在的包袱，可能会强化有效的人际关系，也可能会压垮它。

我们希望，对方能够像我们回应他们那样来回应我们的问题、要求或建议。当一种人际关系具有建设性并有着积极互动的传统时，它才能够为关系的健康发展提供基础。换言之，我们过去的经验不仅会告诉我你可能会对某种情况做出何种反应，或者你想要收到什么样的资料，而且还会告诉我什么会让你大笑、感兴趣及亢奋。

联系过去，我还知道什么会令你感到沮丧、什么时候你的精力会下滑，以及如何扭转这类情况。例如，一位同事告诉你，相比详尽的数据表，她更喜欢图示和图表，那么当下一次你们一起解决问题时，你会记得她的偏好。（顺便说一句，我也偏爱使用图表和图示，你可能还没注意到。）

在一种充满负担的人际关系中，互动常常是压抑和谨慎的，彼此之间并不分享真正的想法，对话总是围着既有事实兜圈子，却很少花时间去确保这些事实得到正确的理解。谈话重心始终停留在表面，而不去挖掘全新理解。

我在工作中常会遇到一些经过机构内部提升进入领导层的高管人员。他们昨天还是其他员工的平级同事和朋友，今天就变成了他们的领导。我听过很多管理者说这样的话："但是我们是多年的朋友，没关系。"然而，在这种情况下，关系的性质确实已经发生了改变。

当你变成领导时，权力的强弱发生了转变；在某个时刻，你将不得不给予从前的平级同事强硬的反馈。你要从有限的资金池中分配资产，还要就项目和升职做出决策。这些选择将影响他们对你的看法以及你们之间的关系。

从同事转为领导，是时候就新参与规则展开一次对话了：谈一谈你们要保留什么，以及需要改变什么。我们将介绍一些实用的对话工具，从而帮助你维护你们的友谊，并在此基础之上开启一段新的职业旅程。

背景是随时间发展的。随着我们在人际关系生态系统™中的进一步深入，考虑一下，目前你的人际关系经验是一次性的，还是代表着你诊断人际关系健康度的一种行为模式。

有益识地时别你的中要利意相管着，并头入时见去身入了结塌们。每词对花都是一刺陪养治胜人及观系的机汇。

交流方式

继续探讨，接下来我所用到的词语旨在描述大家在人际关系中经历的各种行为，它们并不是附属于某个人的标签或形容词。我们所讨论的，对事不对人。思维不要局限于同事范围，这样会限制你看到改变机遇的能力。

我故意挑选了一些刺激性词语。目的在于让你停下来，考虑一下你对别人的影响，以及这种影响是否符合你的本意。同时，这应该也能引起你额外的思考——你是怎样（有意识或无意识地）给别人贴上标签的。

当人际关系紧张时，我们容易口不择言地去描述对方，无论是在公共场合还是在私底下，在我们的故事中，我们倾向于把别人描述成反派角色。通常，我们避免进行可能引发不适当行为或调整关系本质的对话，而任由情况继续恶化。即便我们肯交谈，有时候也会因为急于表达而导致情况更糟糕。

我近期主持了一个主管发展计划。其中一名参与者分享了她的遭遇，在与另一位同事相处的过程中，他们的关系因承诺未得到履行，以及这位同事在面对问题时的爆炸式反应而破裂。当时，她希望别人能就如何改善关系提意见，但在说明的过程中，她称对方为一个"三岁孩子"。

用这样的词，她给对方贴上了（不成熟的）反面角色的标签，同时也让自己失去了采取积极措施的动力。把对方当成小孩子，她是在强化自己的行为，这会让人觉得她很自大。要缓和二人之间的关系，第一步很简单，却很有效，即：改变描述对方的语言。

人际关系的建立（或破坏）往往就是一次对话的事。

在主管培训中，参训人员常常会分享他们艰辛的互动经历。当我问是否告诉过对方他们很失望时，答案几乎总是一个快速的"没有"，或者"我试过，但情况更糟了"。

为了推动事情向前发展，我们必须与对方交谈。如果不把事情说出来，你会用行为表现出来。

你可以问问你的朋友或家人，他们是怎么知道你失望的。我敢保证，他们有很多话可说。我的经验表明，在工作场合中，"扑克脸"副作用更大。当你对同事或其他人感到失望时，他们其实都知道。涉及人际关系时，"沉默是金"这句古老的格言是错的。

在开发人际关系生态系统™时，我的目的是为你提供一个目标框架，让你能够停下来，做人际关系的主人。到后面，我会为你提供一种可用于设计这类对话的工具，并且，我会提供更多的图表！

• • •

做人际关系的主人，不要放弃它。

• • •

前往下一章节之前，我想再分享最后一个观点。无法了解全局会导致我们走上一条破坏性道路，在这条路上，其他人会被刻画成反面角色，而我们会把自己的困难归咎于别人的错。于是，我们会编织出一些为自己的行为辩护的故事，从而强化一种"你还指望什么"的态度。基于这类态度和行动的故事会促成一种"自我实现"的怪圈，在这个怪圈中，每个人都固守自己的想法，导致关系继续恶化。

记住一点，隔壁办公室的人可能也在读这本书。他们想要改变的不和谐关系，可能正好与你有关。

总结

- 培养有效的人际关系需要从实际出发，考虑文化、背景及交流方式等各方面因素。
  - 文化是一个机构中所有员工的集体行为。
  - 背景是现有人际关系的历史和包袱。
  - 交流方式指用什么语言来描述关系动态或其他人。
- 人际关系的建立或破坏往往就是一次对话的事。

进阶练习

- 如果可以用三个词总结你所在公司的文化，你会用哪三个词？
- 你所在公司的文化是怎样支持或妨碍有效的职场人际关系的？
- 反思一下以前的对话，阻碍顺畅沟通的"包袱"出现在哪里？

第 5 章 什么会影响你的人际关系图谱

- 在哪些关系中你会抗拒交流？
- 为什么你没有把话说出来？
- 不说出来的影响是什么？
- 这样做对你的人际关系有什么好处？
- 如果你注重改善这一关系，你们双方会得到什么好处？

欲获得更多实践资源，请访问以下网站：

www.CultivateTheBook.com

第6章 什么会决定你的人际关系图谱

> 我知道没有人是一座孤岛……除非你能够广泛地融入大家,否则你做不成一名好的领导者。这就是最大限度地激发他们的潜能的方法。
>
> ——理查德·布兰森(Richard Branson)

让我们回到人际关系生态系统™,考虑一下这一模型的核心,然后来解释从第一次接触到目前为止人际关系的生命周期。

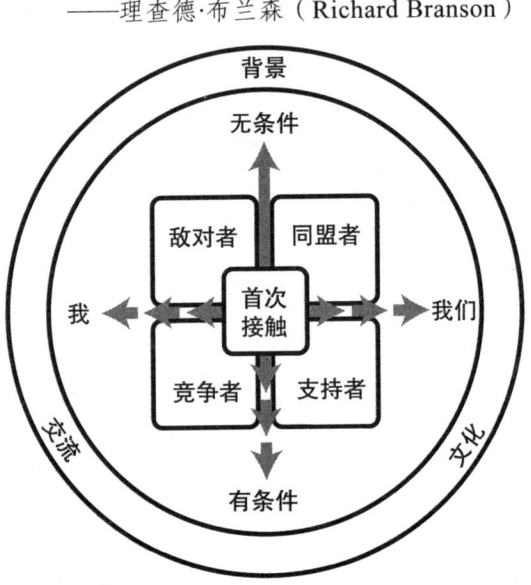

初见：不反对、不支持

首次接触可能是别人的一次介绍，或者是最初的一次合作，它也可能是与陌生人（之前并无了解的人）的一次见面，或者是与某个你"熟悉"的人的一次交道，例如：其他同事提到过的人、团队新成员、参加活动时见过的某个人或某个声名远扬的人。

在初见陌生人时，我们既不会全力支持这个人，也不会全力反对这个人，因为我们之间的工作关系还没有建立，不清楚双方的目标是否一致。

当与"熟悉"的人打交道时，我们对他（或他对我们）的名声可能早有耳闻。我们可能已经查过网上的资料，或者向圈里人打听过。这可能会影响我们的行为和态度，让我们变得更为克制，或更加直言不讳。

我们互换名片并礼貌寒暄，但大多数情况下不会下结论。我们会在一定程度上控制自我，展现出最好的一面。对话可能只停留在表面，不大可能透露任何一方的根本关注点、期望值和弱点。就像"第一次约会"一样：我们试图展现出自己最好的一面。

在第一次接触中，我们的人际关系可能会迈入正确的轨道，但也可能不会。基于事先调查或者只凭无意识的偏见，我们也许会偏向于支持或反对对方。（据有关报告称，我们会在照面后的几秒内对其做出判断，并对其进行假设，而这最终会影响我们的态度。）

对别人的判断表明我们是否愿意将一段关系向前推进，而这些判断受种种因素的影响。不管是握手的礼仪、服装的款式，还是与服务员说话的方式，都会产生有意或无意的影响。

不管第一次接触的情况怎样，要想进行"第二次约会"，我们要开始确立或改变我们的第一印象。于是，人际关系的背景开始建立，行为规范形成。在每次互动中，第一次见面时所做的假设不是被巩固，就是被新的、更深层次的了解所替代。

随着关系的进一步发展，到达某个节点时，我们的态度会转变，而关系的性质也随之改变。这可能是一个真真切切的清晰可辨的时刻，也就是，我们开始爱（或停止爱）对方的那一天。

首次接触后最成功的转变，发生在双方产生共同兴趣并共同投入其中的时候，从这时起，双方开始致力于培养有效的人际关系。而如果转变只源自一方的努力，长远来看，效果自然无法相提并论。

不管激发改变的因素是什么，一段人际关系可能会朝着四个方向发展。这四种情况有的是我亲身经历过或看到过的，有的是我听客户或其他讲习班成员说过的。

四种人际关系图谱

同盟者：同盟者会一直支持你并帮助你取得成功。这是一种无条件的人际关系，无论是在顺境中，还是在逆境中，你都可以依赖它。同样，你也会帮助他取得成功（虽然你并不需要参与同一个项目）。

需要说明的一点是，同盟者的支持并不总是温情脉脉的；在给予你鼓励的同时，他们也会给予你一种严厉的爱。一个真正的同盟者会是办公室里第一个对你说"你的报告糟透了"这种话的人。他们为你端着镜子，让你仔细看清楚发生了什么。然后，他们会和你共同面对问题，并帮助你解决问题。同盟者的格言是："我就在你身边"。

支持者：支持者是有趣而和蔼的共事者。他们是你的粉丝俱乐部成员，鼓励你，并为你提供反馈，但仅限于你需要他们的支持和反馈的时候。（而同盟者，是不管你需不需要，他们都会给予你反馈。）

在顺境中，你可以依赖支持者并获得帮助。但当你身处逆境时，他们更多时候会保持沉默，且不太可能为了帮助你而让自己承受风险。你不会想要等到危机出现时才知道周围的人是同盟者还是支持者！这种关系本质上是有条件的。支持者的格言是："我就在你身后"。

• • •

如果你已经有敌对者或竞争者，别慌！保持冷静，并继续阅读下面的内容！

• • •

竞争者：竞争者本质上多倾向于竞争性。当我们在讲习班进行讨论时，参与者通常都把他们的平级同事当作竞争者。竞争者的行为具有更明显的竞争性，竞争的重点不是下一次的晋升机会，而是有限的公司资源。例如，一名竞争者可能会与你争抢某个具体项目的预算，或者与老板交流的15分钟时间。

竞争可能呈现多种形式。竞争者会用语言或非语言行为表明他们比你更优秀、更强大或更有资格。他们的消极攻击会让你错愕，你以为你们已经达成了一致意见，但转而却发现对方并不想为此继续努力。

这种关系也是有条件的。当工作顺应竞争者的日程安排时，他会从旁配合你。但是，当你们的日程冲突时，工作关系就会迎来挑战。竞争者的格言是："我要在你前面"。

敌对者：截至目前，敌对者是最麻烦的，也是最容易导致关系紧张的。这是一种无条件的关系，在这种关系中，无论涉及什么，敌对者都是带有挑战性的。

敌对者有两种。一种是明显的敌对者，他们的行动是堂而皇之的，你知道他们的存在。而当你知道事情存在问题，却找不出问题在哪儿或破坏源自何人时，说明你可能有一个隐藏的敌对者。不管哪种情况，找一个同盟者来帮助你提防敌对者，这样做的价值是无可估量的！

在极端情况下，敌对行为可能是恶意的，故意损坏你的名誉。在我自己的职业生涯中，有一位平级同事就曾对我的一次晋升愤愤不平，因为他觉得那职位应该属于他。他的敌对行为是，对我隐瞒重要信息，并在背后说我坏话。敌对者的格言是："我就是敌对你"。

第 6 章　什么会决定你的人际关系图谱

关系无法控制，但可改善

亦敌亦友

就个人而言，我发现，与支持者和竞争者共事是最消耗感情的。关系是有条件的，这意味着，关系会前后不一致，敌友难辨，你不知道今天的会议上谁会出现。当与支持者或竞争者共事时，你要打起精神注意各种微妙线索，这令人感到紧张和疲惫。但这并不是说敌对关系就好处理了！但至少你知道该期待什么，以及可以事先进行哪些准备。

这把我们带回到同盟者的重要性上，我们需要有意识地投入这些人际关系。与同盟者的关系可作为一种缓冲器、支撑及减压装置，保护我们免受破坏性人际关系的伤害。

现在，你可能意识到，你已经陷入了一种竞争性或敌对性人际关系，那要怎么办？如果面临的还不止一种呢？首先，不要惊慌！在后面的章节中，我们会探索为什么关系会变得紧张（以及你的什么行为可能造成了这种情况）。

变化无常

一旦经过了首次接触，所有关系动态会交叉，并可能重叠。注意，敌对者与同盟者之间是实线，而其他类型之间是虚线。这是为了说明各种人际关系可能会朝着怎样的趋势发展。然而，如果出现严重疏忽，同盟者将可能在一夜之间变成敌对者，而如果有某种奇迹的话，情况也可能刚好相反，因此才采用实线。人际关系会随着时间的推移发生变化，但这些变化通常都是不够用心造成的。很可能出现的情况是，同盟者在变成彻底的敌对者之前会先变成支持者或竞争者。同样，敌对者在变成同盟者之前可能会先成为一个竞争者。

虽然我们无法控制人际关系，但我们能够利用所学的知识有意识地改善它们。

本意 vs. 影响

伊恩在工作中遇到了人际关系问题。他一向以行动为导向并喜欢直接交流，习惯于迅速地从一个项目转向另一个项目，速度总是压过别人。于是，其他人觉得他急躁、目中无人，总是一副居高临下的样子。如此，最糟糕的情况，他会被当作敌对者，而最好的情况，他会被当作竞争对手。事实证明，敌对者的名声是最难摆脱的。渐渐地，伊恩成为走廊上聊天的焦点。

人际关系生态系统™，连同我们与伊恩及其老板坦诚的交流，二者共同成为了改变的催化剂，帮助他深刻洞察他的个人领导风格，找出他喜欢发号施令的触发因素，并实践自我管理构建策略。结果，他更准确地找到了自己的风格，同时也变得能更多地注意别人的风格了，尤其是那些与他不同的风格。这帮助他放慢步伐，让别人跟上他，而不是把他们甩在身后。伊恩的名声开始变好，从敌对者变成了支持者。

极少有人生来就带着敌对者的 DNA，早上一起床就决定说："我今天和人作对，我要让别人都把我当作敌对者。"这个人的本意可能很简单："时间很短；我们需要继续推进这个项目；我需要让整个团队运转起来；我需要开始给接收端的人下命令。"而这可能被误解为傲慢、爱指挥人，甚至被认为带有敌意。

这里还有一个例子。在情商讲习班上，为了便于大家理解，我们会引用一个喜欢打断别人的同事的例子（我们中的大多数人肯定都了解这种情境）。然后，我问："这种行为会产生什么影响？关于打断你的人，你会对自己说什么？"我听到的答案包括以下这些：

- 这个人很没礼貌，太以自我为中心。
- 这个人并不关心我要说的话。
- 这个人既无礼又傲慢。
- 这个人已经有了主意，我还是别说了。
- 我好蠢。

我们继续问："这种情况对你有什么影响？"大家说会很失望，会退出交谈（或者这种关系）。

随后，我会让参与者站在对方的角度去考虑问题，确认他们是否认为这个人的本意是要做个无礼、不受尊敬或傲慢的人。回答通常先是一段短暂的沉默，然后是一句："好吧，也许……可能不是。"

没有人会故意让自己落下无礼之类的名声。但是，我们中的有些人最终还是被贴上了这样的标签。（是的，我希望你开始去照照镜子，并感到一点难为情。）

对我而言，每用一次这个例子，体会就更深一层。我其实是个习惯性爱打断别人的人。毕竟，写了这本书，我可以一直一直讲下去，是吧？

认真地讲，我现在已经能更好地控制自己在聆听的过程中提意见的欲望了。在讲习班上，每当我分享那个"打断你的同事"其实就是我时，大家总是大笑。虽然我的本意是弄清楚你刚刚讲过的吸引我的地方（然后再回到你接下来想说的话），但我的行为可能会导致你停下来。我们的关系可能会被破坏，而我会被当作（误认作）一个竞争者或敌对者。这当然不是我的行事方式，也不是我的意愿！

以善意做铺垫

关于内在与外在视角的不同，即本意与影响的不同，还有一个例子。比方说，你参加一个关于领导能力的课程，要求完成一份问卷，以便更好地了解你的偏好。如果你赞成以下几点陈述：

1. 大多数规则只是指导方针。
2. 我做事经常仅凭一时心血来潮。

3. 人们认为我是一个不墨守成规的人。
4. 我喜欢主动。

你在心里可能这么说:"我是个风趣又主动的人,喜欢多样化,为了应对随时出现的挑战,我可以快速地转移注意力。"

这是你的本意。(你知道我们要做什么,是不是?)

但是,虽然有些人会欣赏这种追求快乐并主动把握人生的处事方式,但也有人会有不同体会。这种方式会导致你被贴上不同的标签,有人可能说你:"不注重细节、不服管教、无视过程、做事无计划、杂乱无章及做事极少考虑后果。"

本意和影响一致时,威力无穷。但是,当二者不一致时,它们都有可能损坏你的名誉,并削弱你的人际关系的能力。这就是我在前面警告大家要避免贴标签的原因。当判断你正在经历某种人际关系时,要考虑互动的状态,并且,如果不确定的话,先以善意待人。即便是在面对敌对行为时,问问你自己,对方的潜在本意是什么。

• • •

敌对关系并不是偶然发生的。你不是受害者,一个巴掌拍不响,你的行为或不作为促成了这样一种关系。

• • •

敌对性人际关系不会是偶然发生的,如果你有一个敌对者,你不仅仅是一个受害者。在这一关系的形成过程中，你也起到了一部分作用，不管是通过行动，还是不作为。

在指导客户如何建立更牢固的人际关系时，我的建议通常是，不要和一个敌对者硬碰硬，而是采取一种更谨慎的方法：通过与其他人建立更牢固的关系来影响这一敌对关系，让来自平级同事的积极压力变成动力。

将这一模式应用到你的人际关系时，在一切尚未确定时先以善意待人，并对关系进行"较高"水平的评估。在考虑人际关系时，看看你正在经历的行为模式。仅一次不好的经历或紧张的互动并不意味着这个人就是敌对者或竞争者。同事没有在会议上明确说支持你并不表明他与你之间就是一种非支持性关系。尽管如此，如果你认定一种行为模式，那么你很可能有充分理由将其划分为更为严重的一类。

先以善意待人或者先假设积极意图的存在，并不意味着你会盲目地忽略侵犯行为。一旦你熟悉了人际关系生态系统™，你就为介入并阐明自己的期望值做好了准备。你并不需要指控别人的恶意行为，但应该提供坦诚的反馈，说出你的体会。这将确保一次单独的事件不会成为一种模式。我们稍后再做详述。

建议：优质的人际关系重质不重量

在这一点上，值得注意的是，我并不是要你把每个与你有关的人都变成同盟者，也不是建议你与每个人都成为密友，好到可以带回家见你妈妈。这其实是为了找一条捷径，让你能在工作中建立起相互尊重又有效的人际关系。如果没有达到你渴望的结果，如果与他人一起合作令你不快乐，或者，如果坦率和讨论具有破坏性，你就有必要采取积极行动。

尽管如此，培养有效的人际关系是一个质的问题，而不是量的问题。很多我们以为的"朋友"并不是同盟者，大多只是熟人。一项研究表明，1985年，平均每个美国人有3个可以信赖并分享重要事情的人。而到了2006年，这一数字下降到了2人，25%的调查对象承认他们一个知心朋友也没有。

这一点由麦克米伦癌症援助组织（MacMillan Cancer Support）在2012年开展的一项民意调查中得到了进一步证实。共1000名年龄在18岁至35岁之间的人参与了这项调查，虽然平均每个人的Facebook账号有237位朋友，但其中在处境困难时可以依赖的只有2位，2/3的调查对象表示真正亲密的朋友不多于2人。

每8个人中有1人（13%）承认，在生活变得十分艰难时，他们没有一个可以依赖的好朋友。男性（16%）比女性（12%）更难找到求助的人。大约1/4的参与者说，他们只有一个真正的朋友，而1/8的人称他们一个这样的朋友也没有。

　　暂不考虑孤立的人力成本，光是它对业务的影响也是相当大的。随着关系质量的下降，消耗的时间会增加，成本会上升，信息分享速度变慢（或停止），决策会变得拖拖拉拉。就职于跨国企业还是本地非营利性机构并不重要，如果没有一种崇尚信任和协作的文化，你都会受到消极影响。

人际关系驱动积极性

　　很多机构侧重于花大把的时间去强化员工的积极性。盖洛普机构（Gallup Organization）是员工积极性理念最早的支持者之一。在过去90多年时间里，这家公司一直致力于工作满意度指标的研究。该公司的最新研究覆盖了来自34个国家49个行业192家机构的140多万名员工，其目的在于找出管理者做了哪些事来创造理想的工作场所。（"成功"公司的四个重要衡量维度包括：员工留任率、客户满意度、生产力及盈利能力）

　　该研究确定了12个用于衡量工作场所健康度的问题，其中4个问题属于人际关系生态系统™的一部分：

　　1."我的主管（或工作中的其他人）看起来确实把我当作一个人来关心。"

2. "工作中有人能鼓励我的发展。"
3. "在最近7天中,我因为工作表现好而得到了认可或赞美。"
4. "我在工作中有一个最好的朋友。"

在这项"盖洛普12问题"调查中,最后一个问题需要自问:"我在工作中有最好的朋友吗?"在工作中,同事之间很容易互称"朋友",但是"最好的朋友"是一个令人深思的概念。这毕竟是一份工作,没有时间给你去交际和发展一个"最好的朋友"!

我必须承认,我有过类似的感受。那时,我正处在职业生涯的过渡期,之前已经在金融行业工作了14年,在那个行业中,"最好的朋友"一直被认为是令人匪夷所思的概念。金融机构是一个基于数据、数字和逻辑的机构,没有情感的位置或友谊的概念。

幸好,随着时间的推移,我开始认识到,当初那些未被列入考虑范围的软技能(如传递愿景、提供反馈或领导团队的技能等)其实是我们在发展事业的过程中做任何一件事都不可或缺的。除非你能调动别人一起合作,否则你无法建立一个成功的、可持续发展和可拓展的团队。

盖洛普调查中的"工作中最好的朋友"与同盟者关系的概念相关联。在随后的工作中,盖洛普曾考虑去除问卷中的"最好"一词,但他们发现,这样一来,这一项便无法再成为成功团队的可靠预测指标了。

盖洛普还发现,声称自己在工作中有最好的朋友的员工:

• 43%的人反馈,在最近7天中,他们的工作表现得到了赞美或认可。

- 37％的人反馈，工作中有人鼓励他们的发展。
- 35%的人反馈，共事者注重品质。
- 28%的人反馈，在过去6个月中，有人曾和他们谈论过他们的进步。
- 27%的人反馈，公司的使命让他们觉得自己的工作很重要。

你可能拥有最好的想法、最耀眼的产品或最具有创新性的小程序，但如果你无法让员工齐心协力并积极地去生产那样的产品或提供服务，那么，你的长期可持续发展可能已经处于危险状态。

软技能正是实现"硬目标"所需要的技能。如果你在工作中有一个同盟者、一个最好的朋友，你极有可能：

- 吸引你的客户。
- 事半功倍。
- 享受到工作的乐趣。
- 拥有一个更安全的工作环境，减少事故的发生率。
- 创新并分享新想法。
- 消息灵通，知道你的意见有价值。
- 每天都有机会专注于你的长项。

这些"永远的好朋友"（Best Friends Forever，BFF）给团队带来的利益有充分的数据证明。盖洛普还表示，那些员工积极性程度名列前茅的公司取得成功的机会多出一倍以上。员工积极性最高的企业展示的回报几乎是那些得分最低的机构的四倍：

- 客户忠诚度高 10%。
- 盈利能力高 22%。
- 生产能力高 21%。
- 安全事故少 48%。
- 旷工情况少 37%。
- 质量缺陷问题少 41%。

• • •

培养有效的人际关系不只是个人的目标，它是一家企业必须要做的事。

• • •

大量研究及数据清晰地表明，虽然员工可能会因为品牌、福利及其他奖励而加入一家公司，但他们选择离开却一定与他们和直属上司的关系有关。我想补充的是，当人们处在毒性工作环境中，或者当他们无法与其他平级同事建立起稳固的人际关系（如找到一个同盟者）时，他们会选择离开。

员工，尤其是有才能的高效员工，总是有选择工作环境的余地，在某些时刻，他们会考虑是否要离开。不管是猎头的电话，还是自立门户，或者接受另一家公司的邀请，这些选择时刻的出现比大多数员工所注意到的要频繁得多。

人际关系很重要。

总结

- 人际关系动态有四种：同盟者、支持者、竞争者及敌对者：
  ○ 同盟者会支持你并帮助你取得成功。这是一种无条件的人际关系。
  ○ 支持者鼓励你，并在你需要的时候为你提供积极反馈。这是一种有条件的人际关系，面对困难时，他们的支持可能会收回。
  ○ 竞争者与你竞争资源和奖励。支持是有条件的，一位竞争者可能会赞同你，也可能会反对你，主要取决于他自己的日程。
  ○ 一位敌对者可能明里或暗里反对你。这种人际关系是无条件的，敌意是持久的。
- 诊断工作中人际关系的健康度，尤其是与利益相关者的关系的健康度，为积极改善人际关系提供了起点。
- 培养有效的人际关系不只是个人的目标，它是一家企业必须要做的事。

进阶练习

诊断你的重要人际关系的健康度

回顾一下你之前所列的关键人际关系列表，如果愿意，你可以再添加一些人的名字。把这些名字对应填入人际关系生态系统™中。利用完整的网格表明每种人际关系的相对位置,例如,上边较靠右的一个是最牢固的同盟关系,下面最左边是竞争关系,等等。

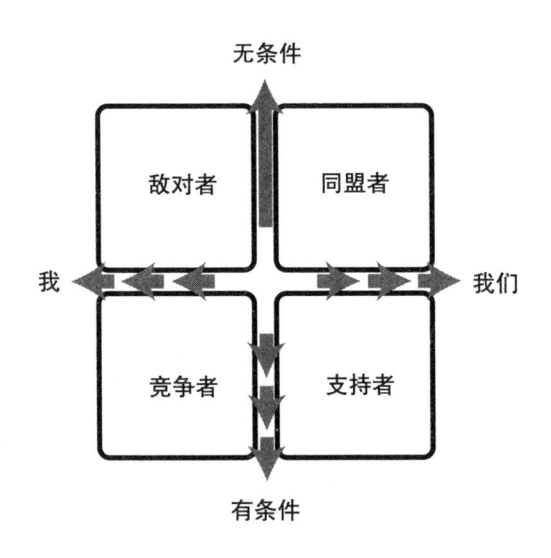

```
              无条件
               ↑
     ┌─────┐ ┌─────┐
     │敌对者│ │同盟者│
     └─────┘ └─────┘
  我 ←←←      →→→ 我们
     ┌─────┐ ┌─────┐
     │竞争者│ │支持者│
     └─────┘ └─────┘
               ↓
              有条件
```

第一步,思考你与其他人的人际关系。

当你看着你的人际关系生态系统™时,最引起你注意的是什么?
谁现在不是同盟者,但你需要他成为同盟者?
如果你没有同盟关系,要发展这种关系,你第一步会做什么?

第二步,思考其他人与你的人际关系。

谁会把你当作一个同盟者?
谁会把你当作一个支持者?

109

谁会把你当作一个竞争者？

谁会把你当作一个敌对者？

欲获得更多实践资源，请访问以下网站：

www.CultivateTheBook.com

PART 1

第一部分
人际关系生态系统

PART 2

第二部分
绘制你的人际关系图谱

PART 3

第三部分
人际关系的重建

第7章 对话：改善人际关系的开始

你不能一直待在森林的角落里等待别人来找你，有时候，你要去找他们。

——艾伦·亚历山大·米恩《小熊维尼》

思考职场人际关系的性质是比较容易的部分。虽然你新发现的人际关系生态系统™可能会让你有一点不知所措，但除非你选择采取行动，否则它什么作用都起不到。强化你在工作中的人际关系的最佳时间是下星期三。好吧，我是在开玩笑。择日不如撞日！

接下来要说的就是四种人际关系对话策略。你可以做准备，尤其是面临艰难的对话时，但同样，实际对话也可以不按你写好的脚本走，这样的情况很多。

一位参加我们项目的领导者对此打了个比方：这就像在十字路口，汽车和自行车狭路相逢，自行车有没有先行权并不重要，只要它在盲区，汽车镜中看不到它，它就得让行，这样才能保证彼此都能顺利通过路口。

应用到职场人际关系中，你对对方的认知多么"准确"或"不准确"并不重要，你可能需要让步。

但是，你有率先迈出第一步的主动权，放下过去（一直压在你们的关系上的包袱），发起可以带来改变的对话。你的成功取决于此。

培养谁？团结谁？掌控谁？对付谁

在考虑人际关系生态系统 ™ 中的每种人际关系的起点时，你的重点应该是：

• 培养同盟者：人们很容易认为同盟关系几乎不需要刻意维系，而在一些例子中确实也是这样。想想我的人际关系网络及利益相关者，对于有些人，我会把他们当作同盟者，并且我也是他们的同盟者。对于他们中的有些人，我每天都与其交谈，而还有一些人，我可能已经好几个月没与其交谈过了。

频率不是问题，互动的质量才是。培养同盟关系可以像送一张生日卡或留个简短的电话留言那样简单，也可能像各种日常项目及超额工作一样复杂。关键在于，不要怠慢，要用心为之。

•团结支持者：支持者可以是一种福利，也可以是一种负担。在应用这些战略时，你的目标是团结支持者、强化你们的联系并将其向同盟者的状态推进。

•掌控竞争者：面对竞争者，重点是掌控关系中可能出现的波动。如果你了解竞争者的观点，并能够预料他何时可能会支持你或反对你，那么向敌对者行为退化的可能性就会减少，而支持关系将进一步增进。

•对付敌对者：就像我分享的我与一名敌对者共事的经历那样，你不能只是无视问题并希望它自己消失。忍受敌对者行为会让这些行为变本加厉，并可能影响其他人。虽然后面提到的对话策略可以为如何对付敌对者提供一个框架，但我的建议是，在面对迎面而来的敌对者人际关系之前要三思。

另外，要知道，更有效的方法是，巩固你与竞争者、支持者及同盟者的关系，让它们转而间接影响你的敌对者。

结盟的对话策略

我们为什么不就彼此的期望值结成同盟，并大声说明情况达成一致意见呢？关于这个问题，我常听到的一个原因是：害怕被认为"软弱"。一旦你掌握了一些对话技巧，你会找到大声说出来的勇气，而不再顾忌什么风险。

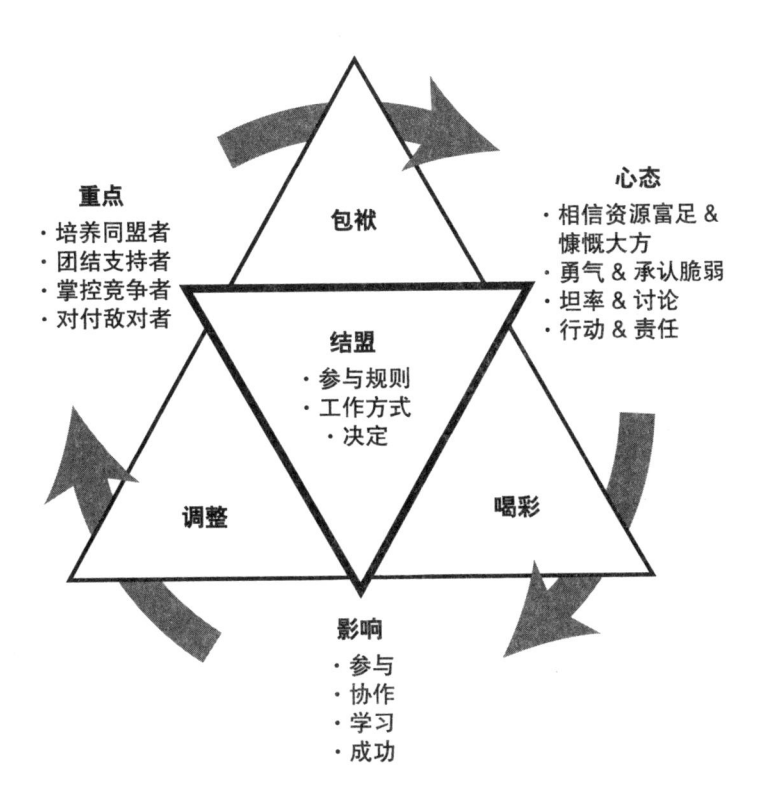

```
          包袱
重点                       心态
·培养同盟者                 ·相信资源富足＆
·团结支持者                  慷慨大方
·掌控竞争者                 ·勇气＆承认脆弱
·对付敌对者                 ·坦率＆讨论
           结盟            ·行动＆责任
         ·参与规则
         ·工作方式
         ·决定
   调整                 喝彩
           影响
          ·参与
          ·协作
          ·学习
          ·成功
```

对象：这一战略最适合同盟、支持及竞争关系。

时机：大多时候，我们的注意力集中于要达成什么样的工作目标，而不是讨论如何一起工作。如果现有关系并不紧张，或者如果有新的利益相关者，那么，对话可以从上图模型中心开始。

方法：结盟战略中包含三种对话策略：

1. 说明参与规则。

2. 讨论工作风格。

3. 概述决策方式。

是的，这种情况下，我们是非常慎重的，但这样做至少能带来两个巨大利益。首先，你会学到新技巧（是的，这有时候可能会让人觉得像是回到了小学）。其次，我们是在训练暂停我们的思维和情绪，并考虑新的行动（反应）方式。

• **对话策略 1——说明参与规则**：在离开银行业（一种真正的朝九晚五的环境）转而加入一家美国电信公司三个月之后，我的一位同事问我："为什么你总是早退？"

我那时每天下午五点钟离开办公室，去赶发自伦敦的六点钟的列车。原来，我们公司的工作时间是从上午九点到下午六点，以便用这多出来的一小时与美国同事协调工作。关于这一点，新的工作章程中有说明，但我没注意到。这是新的参与规则，而其他人都以为我知道！一旦我发觉，这种情况很容易改变。

• **对话策略 2——了解工作风格**：如果参与规则指的是维持一种关系的规则手册，那么，每个人的个人工作风格都会对这些规则的贯彻程度产生影响。在同盟关系中，这种独特性是会得到赞美的。

再举一个个人的例子。我已经结婚近 25 年，并且认为婚姻是我最重要的同盟关系。所有认识我们的人都清楚我们在个性风格上的不同。我是个外向的人，并且有创意、乐观且充满热情。我喜欢社交，但别指望我注意细节。我丈夫是个内向的人，他注重细节、崇尚实用主义并总能制订出周详的家庭及理财计划。我们的优势和团队精神就来源于这些不同点。在一起时，我们都能成为更优秀的自己。

我还可以证明，在一起的这 25 年的时间里，我们体验过所有人际关系（同盟、支持、竞争及敌对）行为，有时候，这些行为甚至都发生在一天之内！

值得注意的是，这种包罗万象的关系动态是最具决定性的。我们都有状态不佳的时候：问题出现，失望、冲突随即发生。如果双方都抛弃了同盟者心态，伤害就会铸成。

做一名同盟者，意味着在事情尚未确定之前先以善待人、保持好奇心并花点时间去问清楚发生了什么事，然后告诉彼此我们需要怎样来维持健康的对话。只有当彼此对什么有效及什么无效进行公开讨论之后，我们才能构建起有效的人际关系。在这种特定的对话策略中，利用 DISC、MBTI® 或其他评估工具可能会有助于找到共同语言。

• **对话策略 3——就决策级别达成一致**：有些情况中，对方可能会以为你会事先征求意见，而你实际已经自己做出决定，没有什么比这种行为更能引起摩擦的了。决策对你们的关系有什么样的影响？如何做出最终决策？这些问题最好事先讨论清楚。

合作中达成一致并不难，并且能够确保，当艰难时刻到来（会有这样的时刻）时，你知道向谁助求。

来者何人？同盟者还是敌对者

在有些不好相处的人际关系中，对方既不是竞争者，也不是敌对者，他们只是另类或烦人。我想起曾经的一个项目，这个项目是为了协助一家销售机构促成高效团队。团队中的两名资深成员大卫和史蒂芬几个月来一直针锋相对。他们的关系恶化到大卫把史蒂芬视为他的敌对者，且实际上史蒂芬也确实是像对待敌对者一样对待他的。

他们从未讨论过他们的关系，也没有讨论过大卫把它当作一种敌对关系的事实，因此，他们都陷入了一种行为循环，而这种循环开始影响团队里的其他人。一如往常，两个人面对面坐着，却当彼此不存在。

我们的项目中包括一个环节，即利用MBTI®（迈尔斯－布里格斯性格分类法）人格剖析法让团队成员能够更好地了解彼此及他们的客户关系。经过讨论MBTI中的各类型并完成一系列令这一理论生动有趣的活动，大卫意识到，就各选项而言，同事的性格正好相反。他们并不是故意要惹恼对方，他们都只是"忍不住"而已。

讲习会的结果就是，他们最终能够坐下来一起讨论能够令合作更有效的战略（这些战略均以双方的一致之处为基础），并确定各自可以调整的地方。这并不需要人格移植，而是要考虑每个人的不同需求，以及团队的整体目标。

调整的对话策略

事情时有变化,"调整战略"至关重要:提醒别人之前的承诺(结盟时谈好的事情),或在事情优先级改变后进行调整。

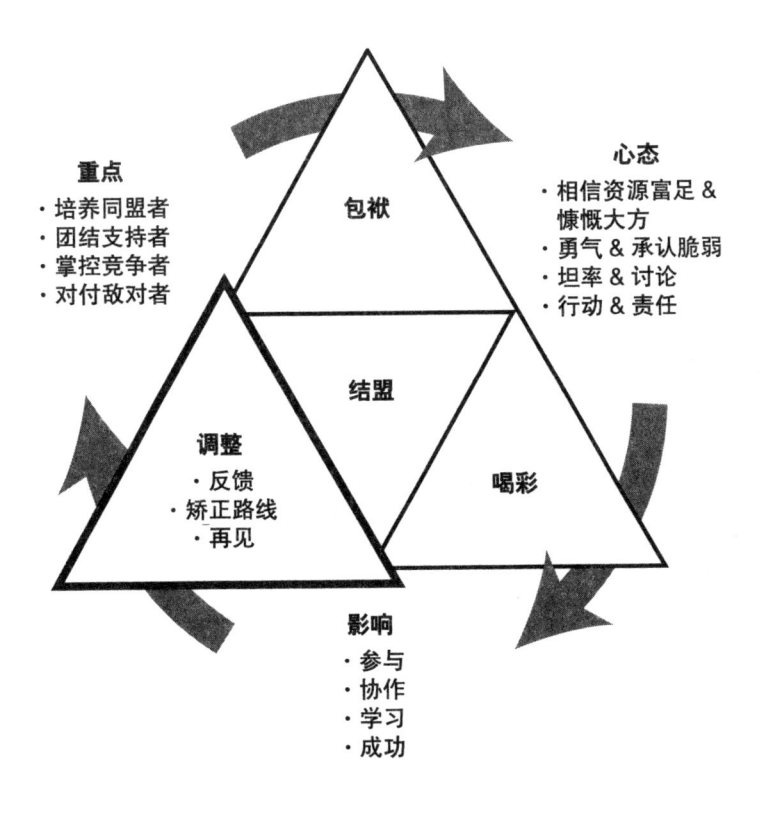

重点
· 培养同盟者
· 团结支持者
· 掌控竞争者
· 对付敌对者

包袱

心态
· 相信资源富足 & 慷慨大方
· 勇气 & 承认脆弱
· 坦率 & 讨论
· 行动 & 责任

结盟

调整
· 反馈
· 矫正路线
· 再见

喝彩

影响
· 参与
· 协作
· 学习
· 成功

对参与规则的"初次违规"可能意味着,"调整"对话会很简单:

提醒、道歉加对盟友的承诺。但如果涉及一种行为模式，或对话并非直接发生，那可能需要更多准备。

对象：同盟者、支持者、竞争者及敌对者

时机：当结盟时的承诺实际没有得到切实的履行时，可使用这一战略。

原因：有效的"调整"对话使得我们可以让彼此对结盟时明确的期望值负责。我们都是人，这就意味着我们都会犯错误，我会忘记让别人参与讨论，也会做出各种假设。

方法："调整"战略中包含三种对话策略：

1. 反馈
2. 矫正路线
3. 再见

"调整"对话要避免假设，并提供路线矫正方法，以防止新的（坏）习惯变得根深蒂固。

• **对话策略1——反馈**："反馈"对话可能侧重于个人、他们的方式以及他们对成功会有怎样的帮助或阻碍。作为同盟者，确保你的反馈是别人需要（但可能不想）听到的，并且进行及时的交流。"反馈"对话可能会带你们探索出代替性行动路线、新的学习内容及日后如何运用它们的方法。

• **对话策略2——矫正路线**：这种对话可能更侧重于协作流程，而

第 7 章 对话：改善人际关系的开始

非个人。矫正路线的对话也可能是改变事情优先级或工作计划所要求的，你们不得不对今后的合作方式进行重新校准。

- **对话策略 3——再见**：有时候，扭转敌对或竞争关系所做的努力远大于可以获得的好处。认清这一点之后，你必须跟它说再见。表面看，这听起来好像是一种简单直接的战略：只是停止参加他们的会议，或停止回复邮件。事实上，"再见"对话是很具挑战性的。

这种对话侧重于退出战略，以及你们怎样才能在不断出现分歧的状态下以一种相互尊重的方式合作下去。你们需要找到一种方式，可以让你们在工作中相互尊重，并保证团队目标的实现。培养有效的人际关系意味着知道什么时候该向着一种关系前进，而什么时候离开才是最好的选择。

案 例

里奇意识到，他之前的同僚及现在的新老板斯科特是敌对者。并且，他也认为这种感觉是相互的。在开会时，他们似乎对每件事都有不同意见。

按照在我们的项目中学到的战略，他决定与斯科特谈一谈。他问："这究竟是怎么回事？我们从来没有在一个频率上过，但我们都想要相同的东西，那就是成功！"他的新老板这样回答："你来开会时总是带着固执的想法，你只是告诉我们未来需要怎么样，但从来不听也不问别人的意见。"

通过讨论他们的沟通方式，里奇有了一个"啊哈"时刻。他意识到，他是一个外向的人，总是边说边思考。当里奇在分享某个想法时，他其实只是想到什么说什么。他的老板是一个内向的人，在他听来，这些边思考边说出来的话就变成了"这就是我们要做到的事情"。

对各自风格的讨论带来了很大的改变。争论没有了，他们的关系变好了。

包袱的对话策略

重点
- 培养同盟者
- 团结支持者
- 掌控竞争者
- 对付敌对者

包袱
- 道歉
- 原谅
- 指出明明存在却避而不谈的问题

心态
- 相信资源富足 & 慷慨大方
- 勇气 & 承认脆弱
- 坦率 & 讨论
- 行动 & 责任

结盟

调整

喝彩

影响
- 参与
- 协作
- 学习
- 成功

第 7 章 对话：改善人际关系的开始

如果你的重要人际关系建立时间并不长，也许"结盟"对话就足够了。但是，如果你的重要人际关系已经有一段"历史"，而信任已被侵蚀或已不复存在，那么，"包袱"对话可能就需要展开了。

对象：同盟者、支持者、竞争者及敌对者

时机："包袱"对话旨在消除过去阻碍你们的关系朝着更健康的方向发展的各种分歧和误会。不管参与规则有没有明确确立过，一旦这些规则被打破，我们必然会从一个消极的角度来看待别人的行动。

"包袱"对话这种说法是由一个客户提出的。在他们公司开展的领导力项目中，他负责改善两种无法带来有效成果的人际关系。他承诺与这两种关系涉及的每个人谈一谈，以便把关系推向一个更富有成效的层次。在随后的活动中，他分享了他的经验。

对于第一种人际关系，他只是坐下来并对对方说："我们需要谈一谈。"他自己承认，对话进行得并不像他希望的那样顺利。反思这段经历，他稍稍改变了针对第二种人际关系进行对话的方式。

他这样开启这次对话："我们需要进行一次'包袱'对话。"这样的措辞激发了同事的好奇心，他们的对话最终很有成效。他指出，如果你不能放开过去，那你就别指望能开创一个更好的未来。听口气真像个处理"包袱"的好手！

"包袱"对话在我和班上的其他人中间产生了共鸣。从那之后，我们就用这个词来描述人们必须要进行的艰难对话。这些对话会涉及一些个人风险，即，对话可能导致责备和相互指责；但是，无法识别障碍或者没有勇气唤起过去所能带来的破坏力可能远远不止这些。

原因：成功的"包袱"对话会令人产生一种紧迫感以及对解决问题的责任感。它还能打破互相指责的模式，识别出紧张的来源及潜在的障碍。

方法："包袱"战略中包含三种对话策略：

1. 道歉
2. 原谅
3. 指出明明存在却避而不谈的问题

当同盟关系或支持关系遭到某种破坏时，对"包袱"对话的需要就变得尤为迫切。

• **对话策略1——道歉**：在你已经越界的情况下，修复损伤意味着，审视你对当前问题应负有的责任，以及你需要做什么来修复它（不是"你们双方需要做什么"或"对方需要做什么"）。修复受损的人际关系要从你开始。

当你犯错时（准备好接受一些明智的建议），为自己的行为道歉——"我很抱歉"。

要尽快说这句话，不要沉默，不要等待恰好的时机。那样只会导致关系的裂痕变成一道伤口，让对话变得更艰难。真心实意地说"我道歉"。

最后一个小贴士：当你道歉时，或者说，如果你道歉，不要期待对方以同样的对话内容回应你。只需要等着，听着对方说"谢谢"。就个人经验而言，我知道，当我因为自己的过错向别人道歉时，如果我不够体贴，很容易会这样认为："哼，她并没有因为……（原因一、二、三）而向我道歉。"于是我会陷入义愤填膺中，那就意味着，我又一次愚蠢地把事情搅乱了。道歉的重点是你想对对方说什么，而不是他可能需要对你说什么。

- **对话策略2——原谅**：原谅是双重的。你可能既需要原谅别人，又需要原谅自己。如果没理由道歉，或者道歉不可能发生，那么，原谅你自己，让事情过去。从这次情况中吸取教训，花时间去了解你今后可以采用什么样的方式。另一方面，如果你觉得对方也对关系的瓦解负有一定责任，你必须要原谅他们，或让事情过去，把账记在人类本性的头上。为六个月前受到的一次怠慢心存芥蒂不会对你有什么帮助。如果没有原谅别人和向前看的能力，那么接下来走向成功的步伐会受到限制。

- **对话策略3——指出明明存在却避而不谈的问题**："包袱"战略的最后一个对话策略是"指出明明存在却避而不谈的问题"。有时候，关系本身之外的一些挑战可能会导致困难的出现。例如，也许你们的团队目标只是单纯地不一致且无法改变。这种情况下，最好的做法就是指出明明存在却避而不谈的问题（或者也许可以接受这些问题），并找出在其存在的情况下进行合作的方式。

在准备进行"包袱"对话时，仔细想清楚你想告诉对方什么。如果你可以放下某个问题，那么，选择不提这个问题并不是不真诚。如果争论点有多个，那么，这次对话中只提一个。将对方令你失望的地方——说明只会把事情弄得更糟。在你们构建关系的过程中，你们稍后还可以再讨论其他问题。

喝彩的对话策略

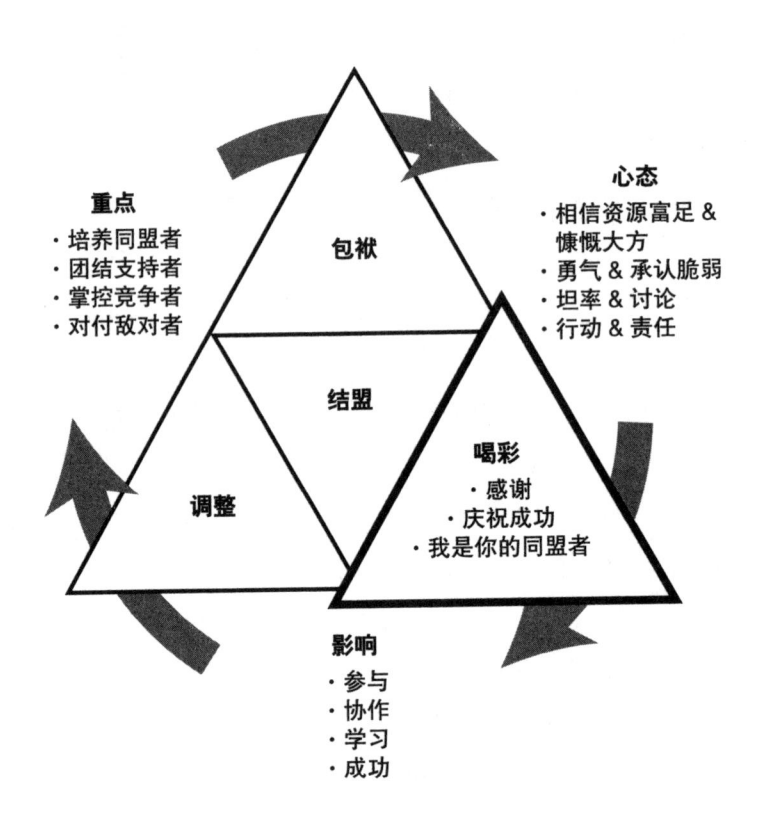

重点
- 培养同盟者
- 团结支持者
- 掌控竞争者
- 对付敌对者

包袱

结盟

调整

心态
- 相信资源富足 & 慷慨大方
- 勇气 & 承认脆弱
- 坦率 & 讨论
- 行动 & 责任

喝彩
- 感谢
- 庆祝成功
- 我是你的同盟者

影响
- 参与
- 协作
- 学习
- 成功

对于维护健康的人际关系来说，"喝彩"战略可能是最关键的。然而，现实中，为他人庆祝成功的机会总是很容易被忽视。

对象：同盟者、支持者。（虽然我确信为竞争者或敌对者喝彩的可能性，但我确认真心诚意这样做的可能性是有限的。）

时机：不断有研究显示，员工都很重视别人对他们的贡献的认可，但如果你问："你最近七天之内受到过称赞或认可吗？"绝大多数人的答案都是否定的。想一想自己的经历，上一次有人真心感谢你是在什么时候？

原因：对别人的价值和贡献表示认可和感谢。

方法："喝彩"战略中的三种对话策略包括：

1. 感谢
2. 庆祝成功
3. 我是你的同盟

在考虑这一战略中的对话策略时，记住一点，你的"喝彩"永远都不够，而人际关系永远都不会被真诚的赞美和认可破坏。

• **对话策略1——感谢**：我们很容易低估一句简单的"谢谢"在培养有效的人际关系的过程中所起的作用。一张亲手写的便条可以改变整个世界，包括别人对你的感觉、你的职场人际关系以及整个公司。你有很多机会说"谢谢"：当同事放下自己手边的工作来帮助你按时完成某个项目时；当有人为你提供所需要的辅导时；当客户（无论是内部或外部客户）为了帮助你取得成功而调整自己的流程时。注意放缓速度去认可和感谢别人的贡献。

• 对话策略2——庆祝成功：如果感谢是关于认可和感谢别人的贡献，那么，这种对话就是关于在一种"一对多"的环境中赞美他们。不管是借助公司的认可流程，还是向你的同盟者的直接管理者提交感谢信，或是提名他为某个奖项的候选人，积极寻找这些机会来庆祝他们的成功。庆祝成功意味着，你就是你的同盟者的啦啦队队长，你要让其他人看到你的同盟者为团队带来的价值。

人力资源行业设立了无数奖项，用于表彰对该行业内员工发展做出贡献的个人。在我们公司，我们定期对客户正在进行的工作进行评审，以便发现可以推荐他们获得认可的机会。这可以巩固我们的"相信资源富足 & 慷慨大方"心态，从而强化工作中的人际关系。除此之外，这也是我们喜闻乐见的事情，你也会一样。

• 对话策略3——我是你的同盟者：如果你有一个同盟者，或者，更确切地说，你是别人的同盟者，告诉那个人你是他的同盟者。不，别为此感到尴尬！如果人家还不知道，那么你们就不算是（还没有建立起）同盟关系。你不一定非得用"我是你的同盟者"这样的字眼，用你觉得适合的语言就好。不要犹豫，告诉某人你会支持他，确认你是他的同盟者，这会产生非常巨大的作用。

第 7 章　对话：改善人际关系的开始

应该先与谁谈？

现在，你的脑袋可能正在天旋地转，努力想着过去的经历、目前的人际关系健康度，以及接下来要做什么。通过人际关系生态系统™，你会找到用于评估你的人际关系健康度的工具。你会识别出那些现在对你有帮助的人际关系（你的同盟者）、那些现在对你没有帮助的人际关系（敌对者），以及那些将来可能给你带来问题的人际关系（竞争者和支持者）。下一步就是要采取周到并慎重的行动。

在决定先与谁谈以及怎样谈时，重新看一看重要利害相关人清单。首先侧重于构建你的同盟关系。注意，我建议你不要从敌对关系开始，尽管目前来看，敌对者可能带给你的痛苦最多。对于敌对者来说，培养有效的人际关系很可能并不是要优先考虑的事项，他们很可能不愿理会你为改变关系所做的努力，甚至还会变本加厉。

这不是一次对话就能解决的问题，这些只是开端。还要有第二次（及第三次和第四次对话），它们决定你是否能够强化一种人际关系并朝着同盟者的道路前进。

让我们准备好去谈一谈吧。

总结

- 我们有四种人际关系战略：
  ○ 结盟

- ○ 调整
- ○ 包袱
- ○ 喝彩

• 培养及维护有效的人际关系同时发生在每一次对话中。

第8章 你的对话计划

> 生意与人际关系有关。成功与人际关系有关。领导能力与人际关系有关。生活与人际关系有关。
>
> ——汤米·斯波尔丁（Tommy Spaulding）
> 《你认识谁并不重要》（*It's Not Just Who You Know*）

你已经决定立即处理你的人际关系，那么你需要确定人际关系战略及对话策略。在制订对话策略的过程中，即便只用几分钟做预先准备也会令结果大不相同。

如果你曾经收到过模糊得让你摸不着头脑的反馈，或者相反，你收到过深深刺痛你而让你思绪全乱的反馈，那么，你会知道我在说什么！

虽然应该根据你的人际关系生态系统定制你的模板，但我们发现，通过对话进行思考的价值是无限的。本章将分为三个部分：

1. 对话前
2. 对话中
3. 对话后

对话前：有指导的练习

准备意味着知道你要说什么，以及确切的对话开启方式。一旦开口，不要随意即兴发挥，毕竟你是在跟你职业生涯中一个重要利益相关者说话。

制订计划还能帮助减少"但是"，就像这样："我知道我得和吉姆谈一谈，但他会认为我是个蠢蛋，那只会把事情变得更糟糕。"即便当我们知道自己应该大声把话说出来时，我们还是退缩了。通常，不大声说出来的原因（理由）包括：

- 挑战我的老板——怕引起较大反响或报复。
- 从众——其他人似乎都能接受这种情况，我不想与众不同。
- 我还是想提出相同的问题，但我并不想成为一个爱唠叨的人。
- 有什么意义？他根本不（或不会）听我的。

- 有什么意义？她上次就没遵守诺言，我不认为她能改变。
- 事情就是这样，我只能容忍它。

如果你们之间的关系很紧张，那就更有理由制订一个可靠的计划了。是的，做准备可能会让你不想马上开始对话，但不要让害怕成为理由。不仅要仔细考虑进行对话可能带来的风险，还要仔细考虑不进行对话可能带来的风险。如果你决定不大声说出来，那这个决定也应该是深思熟虑后做出的选择。

事情也可能没有想象的那么简单。在为一次关键性对话做准备时，不要一个人来做这件事。如果你有同盟者，听听他怎么说。可以考虑分角色练习一下这次对话。我敢担保，对话永远不会按照你脑袋中的脚本走。

你不能控制对话过程，但你能控制它如何开始。通过准备开场白，你可以为随后的对话走向设定适当的基调。注意杏仁核劫持（包括你自己的及对方的）。而且，一旦对话开始变得激烈，别不敢叫暂停。

你可能永远都找不到完美的词语或句子。不管怎样，尽量找。哪怕对话的流畅度只有80%，也比留着问题糟糕到难以面对要好。这里还有一些我个人的经验：你是否认真地做过准备会通过你的言语和举止表现出来。非语言交流可能"声音"更大，而对方很可能会注意到你的意图。

应该在哪里进行这类对话？这是个人选择的问题。也许对话需要发生在工作中，但可以尽量避免正式的商务场合，因为太正式可能会被误解为训斥。找一个适当地点（尤其是在进行"包袱"或"调整"对话时），可以是一起喝杯咖啡的地方，也可以是办公场地周围散步的地方，或者开会回来路上的车里面。

有时候，并不是必须进行成熟的对话。我们唯一需要做的是一次快速的动向检验，好让我们能够有机会确定，从开始讨论期望值起，可能已经发生了哪些变化。这种情况下，我通常会问下面六个问题：

1. 自从我们上次交谈之后，你过得怎么样？
2. 哪些方面还不错？
3. 什么阻碍了我们的成功？
4. 我怎么没有达到你的期望值？
5. 我最近做过什么让你吃惊的事情吗？
6. 我怎么做，才有助于确保你的 / 我们的成功？

不要把这六个问题都塞进一次对话中，否则，对话会令人觉得像是一种审讯。但是，我确实在尝试，随着时间的推移，我能够像平常聊天一样对我的重要利益相关者问出所有问题。

面对同盟关系，我可能会使用一种更开诚布公的方法，如："我们来看一看这六个问题吧。"构建有效的人际关系并不一定需要秘密进行，你可以与对方分享你的脚本及过程设定（还可以把这本书拿给他们看）。当你们步调一致后，培养有效的人际关系就会变得更简单一些。

这里有一些很好的进入对话的方法：

• 有目的：在开始谈话之前，确定你想要实现什么。知道目标，会帮助你构建开启对话的框架，并保证对话始终停留在正轨上。

• 投入当前状态：你之所以进行对话，是因为你想要这么做，而不是因为你觉得你有义务这么做。对话过程中要投入（例如，不要同时处理多项事务），并保证你可以给出充足的时间。

• 明确各种好处，既包括能给你带来的好处，也包括能给对方带来的好处。

• 换位思考，但不要同情。站在对方的角度考虑问题。如果是你，你会有什么感觉？既要倾听当前交谈的内容，又要洞察未言明的内容。

• 保持好奇心。好奇心有助于降低防御性风险，尤其是当你要澄清误会及对方在讲述他的失望时。这时候，你可能会感觉到你的杏仁核被激发了，你要自问："为什么一个理性的人会这样想？"记住，你开启了这次对话，因此，要如何掌控它，由你来决定。

• 倾听。在对话过程中，最难做到的事情其实只是倾听。当对方在说话时，不要想你接下来要说什么。如果对话没有按照你预期的脚本进行，不要慌。将沉默当作强有力的工具，给对方足够的时间去想清楚他的回应并把它充分表达出来。

• 验证。不要假设你们的起点或目标结果一致。你说完后，要给对方一定的时间，让他能够说出自己的观点，并询问他对于下一步发展的意见。问一些确认性问题，以验证并确定你的理解。

- 就接下来要做的事达成一致。明确接下来要做的事,不管是继续对话,还是回顾已做的承诺,且随后要从始至终地跟进。

对话中:无关输赢

经验表明,当我们不得不传递令人难以接受的信息时,我们常常会东拉西扯,而不是直接表达。当需要给予某种消极反馈时,我们可能会把话说得很委婉,以至于掩盖了原本的意思。如果你承认自己有这种行为,那么,你要相信自己一定有进行积极交流的意愿。另外,你也要认识到,大多数人都渴望坦率的谈话。在领导能力项目中,我们会问小组成员他们喜欢"好消息"和"坏消息"的分享方式。毫无例外,他们都会这样回答:"直接告诉我!"摆出事实,然后让对话继续跟进。

给对话定位:第一个要素是设定对话内容,让对方知道你想讨论什么,以及描述已经发生的事情。给出地点、时间、相关细节及事件经过,要以一种能够创建背景的方式进行描述,以帮助对方记起他当时的想法和行为。

"菲奥纳,我觉得我们最近好像总是意见不一致,比如昨天上午的会上我问报告的事。我不确定问题的原因是什么,但我愿意找出改善这种情况的方法。你觉得我们应该怎样共事呢?"

征求许可:在概述了你想要讨论的问题之后,确保时机是对的,对方现在是否有时间（倾向）来参与这次讨论？参加项目的人常常会问我这样的问题："如果答案是否定的怎么办？"我的回答是，你必须尊重对方的决定，并确定一种替代性选择。也许可以这样说：

"现在也许不是最佳的时间，但这很重要，而我确实想要和你一起好好讨论一下（重申对话的目的）。下周二下午怎么样？你什么时候方便？"

这时候，你要确保对方知道这是一次可靠的双向对话。理解他的最初反应，明确重申对话的目的，包括说明哪些地方值得他投入时间和精力，对话对双方达成各自的目的有何帮助。

描述行为：一旦你们开始对话，第三个要素便是描述对方的行为。这是最关键的一步，但也是最常被忽略的一步，这很可能是因为实际行为难以鉴定。最常见的错误是，评判对人不对事。

列举具体例子，并提供支持性信息。例如，想到一次变卦，你可以说："你一点都不在乎最后期限。"这是在指责对方不上心且不负责任，接着你可以说："你周一的时候同意周三给我报告。"以此简单地说明事实。

说明影响：第三步是逐一说明对方行为的影响，或这些行为继续下去可能带来的后果，包括这个人的行为可能对公司、同事、某个项目或他们自己的成功产生的影响。

"在上周的团队会议上，你打断了我三次。我觉得我的话没有得到重视，你没听进去。真是令人气馁，这样下去，我不想再听那些争论了，也不想全力以赴地投入了。"

分享期望值：未来的参与规则同样很重要。是的，人们确实会慎重地为重要谈话制订计划。把各种指导原则想象成辅助轮，它们会帮助你避免在当面沟通时栽跟头！

"在上周的团队会议上，你打断了我三次。觉得我的话没有得到重视，你没听进去。真是令人气馁，这样下去，我不想再听那些争论了，也不想全力以赴地投入了。我们不一定要达成一致意见，但我们确实需要理解彼此的不同观点。"

探索：最后一步是要问一个问题，既能将对方带入对话中，又能核验彼此之间的相互理解。在此之前，对话一直是单向的，是你在说给对方听。这一步会让你有机会将对话开放为双向对话。

"你意识到这一点了吗？"或者"你怎么想？"或者"你对今后有何建议？"

选一个问题，问完后闭嘴，等着。让你的伙伴处理你所说的内容，确定他怎么想及怎么回答。放松地保持沉默。

达成一致：在即将结束对话时，总结你对讨论内容的理解，确定接下来要怎么做。另外还要花些时间就后续达成一致意见，因为你们可能会发现一些想说但遗漏的问题。对接下来要怎么做进行讨论，还便于你们在必要时能够更容易地矫正路线，让彼此对参与规则负起相应的责任。

感谢：真诚地对对方投入的时间和精力表示感谢是结束这次对话的最佳方式。

管理你的情绪，不要冲动行事。如果你非常激动或紧张，等一等，直到你的思绪能够更集中一些。当对方不回应你时，或者以一种你并不希望看到的方式做出反应时，第一步是要阐明你的意图。

记住，你已经对这次对话认真考虑了好几个月，但对方是第一次听到这些！随便休息一下，然后再回到对话中。如果你已经为对话的开端做足了准备，对方将能够顺着你的（充分）理由跟进讨论。我们的目的是对话，无关输赢。

对话后：反思带来成长

刚刚发生了什么？带着正确的心态和计划，大多数此类谈话都会进行得很顺利，有些可能会有一点小坎坷。但是，每次对话都值得反思。每实践一种新技巧或行为时，你还可以做做反思笔记，它会帮助你进一步成长。

用下面这些问题来识别各种行为模式，以便增加成功的砝码，同时减少挫折的影响。

- 究竟发生了什么，而你认为为什么会那样？（你所认为的事实是怎样的？）
- 当时你是怎么做的、怎么想的？有何感受？
- 从这次经历中主要能学到什么？

- 鉴于这样的结果，你接下来选择怎么做？（考虑停止某种行为、开始某种行为、持续某种行为。）

当事情没有按计划进行时，或者，当其他人并没有像你所期待的那样回报你时，这样问你自己："为什么一个理性的人会那样做或那么说我？"这将为你提供不同选择和其他解释，而不仅仅是局限地认为对方只是个蠢货。更重要的是，坚守你要做一名同盟者并像同盟者一样行事的承诺，另找时间重新回到对话及你们的关系中。

第9章 情商：当下聪明的力量

> 任何人都可以发怒，那很容易。但是，在合适的时间、对着合适的人以合适的理由和方式表示适当程度的愤怒并非易事。
>
> ——亚里士多德（Aristotle）

情商（EQ）从来都不是一个新概念，现在不是，以前也不是。可能这个词是个新词，但关于除智商之外的多元智能的研究却已经持续数十年了。

说到情绪，当别人把这些基本能力描绘成"软技能"时，或者说出"那些肉麻的东西……我们什么时候来集体拥抱一下？"这类话时，我总是很受打击。

一个人的情商水平与柔软无关。它不是要求你变得"更亲切"、少一些情绪或甚至没情绪，而是指有意利用对情绪的意识来提高工作满意度和绩效。

• • •
我们都可以在事后变得聪明，但情商是指当下聪明。
• • •

除非你是电动机器人，否则，各种情绪必定是你每日生活的一部分。你可能认识某个这样的人，大家都认为他可以大有作为（有才华而且聪明），但他却做了一些妨碍其成功的事情。你是否曾经一张嘴就挑事？而当天晚上，你会想："我为什么没有那么做？"或者，"我为什么没那样说？"你可能想知道："如果我这么聪明，这些事怎么会发生？"

当面对应激情况时，大脑有一种固有倾向（只是更强烈些）。于是，我们明明知道自己应该聆听，却还是会不停地说话。我们明明知道自己应该停下来并仔细考虑各种选择，却还是会直接采取行动。我们明明知道自己应该拒绝，却还是给出了肯定的答案。

我们都可以当事后诸葛亮，但情商是指当下聪明，尤其是当面对不确定因素和挑战时。

当事业裹足不前时，缺乏技术通常不是唯一的原因。当达成理想的结果时，尤其是当有冲突存在和氛围紧张时，人们就会失败。

来者何人：同盟者还是敌对者

想象你正走在大街上，街角处走来了你的主要敌人，即你的敌对者。

- 你那一刻在想什么？什么感觉？
- 你做出了怎样的行为？

当我在讲习班或研讨会上问出这个问题时，我听到的答案通常包括以下这些：

我的想法和感觉	我的做法（我的行为）
"我立刻思考要怎么避开他们。" "我能感到脖子后面的寒毛都竖起来了，我想到了我们最近一次的（紧张）互动。" "取决于发生了什么，我开始感到愤怒或者沮丧。" "我害怕跟他们交谈。"	"我走到街对面！" "我假装在打电话，这样就不必与他们对话。" "我避免跟他们进行眼神接触，希望他们不会看到我。" "我加快步伐，这样我就能更快速地从他们身边走过。" "我能感觉到自己开始皱眉了。" "如果我必须和他们说话，我就简短、粗略地应付。"

现在，我们来想象一下拐过街角走来的是你的朋友，即你的同盟者。

- 这种情境中，你在想什么？什么感觉？
- 你做出了怎样的行为？

这种情况下，我通常会听到下面这类答案：

我的想法和感觉（我的情绪）	我的做法（我的行为）
"我很高兴能见到他们，我立刻想到一些我想分享的消息。" "我很乐于见到他们。" "我开始微笑。" "我想到我们最近一次（富有成效）的互动。" "我觉得很开心！"	"我会用眼神交流。" "我微笑并挥手，好让他们知道我已经看见了他们。" "我快速走过去，以便我能快点走到他们面前。" "我很愿意并且渴望与之交谈，看看上次对话之后有什么新信息。"

即使是在讲习班上，每次我问第二个问题时，室内的很多人都会立刻展露笑容。只是想到遇见朋友的情境，就已经触发了一种迅速的情绪反应，而这种反应随后又触发了一种行为反应（该反应加强了情绪反应，以此类推）。

你的情绪不只会影响你对自己的感觉，还会影响你与他人的互动。想一想：当你情绪低落时，你可能有一个可以打电话倾诉的人，一个乐天派，他会说一些给你打气的话，最终总能让你露出笑容。你的办公室里可能也有一些人，他们总能从周围人那里汲取生命的动力。"情绪"（emotion）一词的拉丁词根是"movēre"，意为"驱动"。让我们来面对它，感觉会驱动行为、表现及培养有效人际关系的能力。如果在追求有效工作关系的过程中，你不把这一点考虑进去，那么，你可能会无意间破坏自己的努力，或陷入沮丧。

我用下面这个图来展示情绪、我们的行为、我们实现的结果及我们对他人的影响（我们的名誉）之间的叠加关系。

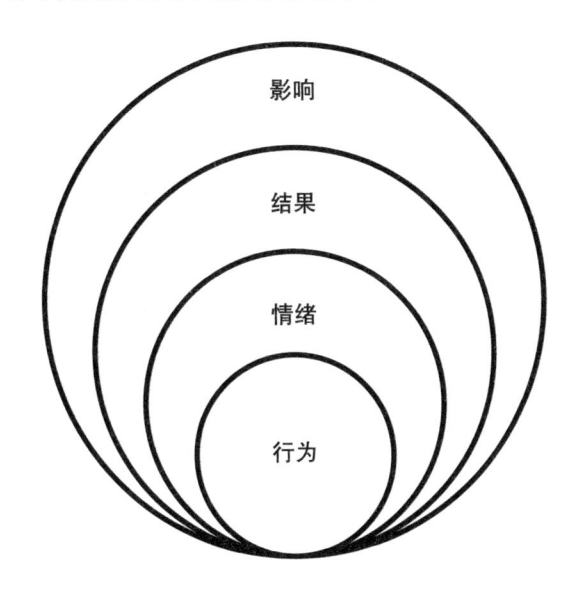

（图：由外到内的同心圆，依次为"影响""结果""情绪""行为"）

当然，我们可以一时压制住情绪，但最终，这股力气会渗透到行为中。言语上的反应可能包括：提高嗓门，或紧张时声音发抖。即使你选择不出声，你的肢体语言仍然会发出信号，告诉全世界你当时是一种什么感受！（例如，当竞争者或敌对者开始说话时，你会转动一下眼珠，又或者，调整姿势及轻声叹息。）

当你预见会遇到艰难的互动时，或当你正经历某种冲突，又或者你试图在不确定中采取行动时，情绪的关联性尤其明显。情商将让你能够对自己采取的方法有所计划，并大大提高成功的几率，而不至于只凭一时冲动就做出反应。

自我意识和自我管理都与情绪自控相关：调节各种反应和冲动。即便对情商有所了解，你还是会有心情好和心情糟的时候，但通过练习，这种"双重人格"的交替会减少。

同理心：赢得信任的关键

那些正在经历艰难的人际关系或团队间不良竞争的人，我常常会听到他们说这类话："他们事事都要争第一。"或者，"如果不是他们那么难相处，我可以……"培养有效的人际关系是要你对自己的行为、你的个人领导能力及向别人学习的需求负责。

如果你发现自己说过这类话："我真希望我那时知道他会那样想。"或者，"我当时只是开了个玩笑！"那么，这预示着，你的社会群体意识需要增强。到你有这种想法的时候，那就太晚了：情况已经升级，那时的你已经在面对一种遭到破坏而需要修复的人际关系了。

当同理心匮乏的时候，当我们不想为了解别人的需求而努力时，我们会失去他的信任。如果我不知道你在想什么以及有何感受，我对你的信任就会减少。我可能会在我们之间构建起真实或虚拟的障碍，而结果就是，距离被拉大。相比积极的情绪和记忆，我们似乎本来就倾向对消极的情绪和记忆印象更深刻。这在事关生死的问题上是有用的，但在办公室环境中却作用不大。

我们近期的工作对象中有一个团队，他们符合竞争和敌对关系的所有特征：言而无信、背后说坏话及忽视邮件等。有些团队成员甚至用一个大文件夹保留了其他人对他们说过的所有话及冒犯之处。他们所有人都陷入了这种消极情绪循环，气氛高度紧张，且极具毒性。然而，令我们所有人（包括这个团队）都惊讶的是，他们的关系向支持关系的转化竟如此之快。短短几周的时间里，团队成员努力进行坦率对话，以便甩开过去的包袱，期待未来的可能性。这意味着对话和关系都没有那么紧张了。针对这个团队的工作目前还在进行中，但是，值得表扬的是，团队的工作效率更高了。现在是一种稳固的支持者环境，且如果可能的话，可以努力朝着同盟者环境更近一步。

当你表现出同理心并回应别人的需求和感受时，你便可以赢得他们的信任、建立起协作关系、提高坦率度并实现更好的结果。这些便是同盟者文化带来的收益。

大脑：装着你的智慧

情绪背后有科学依据，了解这一点，对于我们掌控自己的情绪和个人成功很重要。

我们先从了解大脑的基本生理机能开始。人类大脑主要有三个部分:

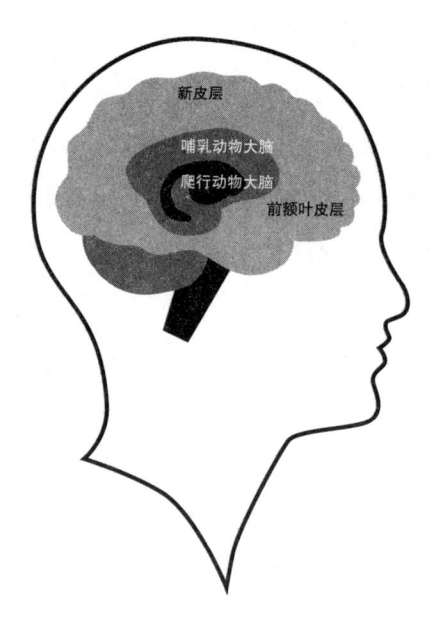

新皮层
哺乳动物大脑
爬行动物大脑
前额叶皮层

第一部分：脑干

首先要说的是位于颅底的脑干。这是大脑中最原始的部分，负责一些基本机能，如体温控制、呼吸、心率、平衡及条件反射。它被称为爬行动物大脑。这部分大脑并不思考，其活动都是出于本能（当我们睡着时，这是件好事），它的重点任务就是让我们活着。

第二部分：边缘系统

脑干上面是你的杏仁核（源自希腊语，因为其形状像杏仁）。它是边缘系统的一部分，而边缘系统是大脑的情绪中枢。这部分被称为哺乳动物大脑，以及情绪记忆与情绪学习发生地。大脑的这一区域存放着你的短期记忆，同时控制并表达情绪。它回答着一个关于人类生存的关键性问题："我要吃掉它吗，或者，它会吃掉我吗？"

对此，更典型的表现是"战斗或逃跑"反应。它决定了你在感到威胁的情况下所采取的行动，并选择了你对危险的反应；此外，它还决定了你对好消息及积极刺激可能做出的反应。我更愿意把这一边缘系统描述成狗脑，这会有助于解释为什么你的猎犬看到你会很高兴，而你的金鱼却还在那儿不停地念叨："哦，城堡！"

情绪学习基于过去的经验，能够帮助你决定接受什么及避免什么，同时创建一个经历和反应库，供杏仁核提取使用。随着年龄的增长，这种情绪学习库的规模会不断扩充。尽管如此，它通常也只是个过往反应储存库，无法随情况变化提供新方法。部分原因在于，虽然边缘系统具有记住危险及相应反应的能力，但它不是"智能的"，因为它没有处理复杂思维的能力。它就像一个电脑程序："前面如果是A，后面就是B。"边缘系统会重复过去的反应，除非你找到一种能够打破这种程序的方法，让它忘记以前的方法，并学习新的反应方式。

第三部分：新皮层

大脑的第三部分是新皮层，尤其是前额叶皮层。这部分大脑是人类身上进化最多的部位，也是让我们有别于其他动物的地方。新皮层让你能够形成并表现出各种协同式社会行为，创造并创新供你在不同环境中茁壮成长的工具，调节周围的环境以满足我们的需求，支持你取得成功。

这是你的理性大脑，里面装着你的智慧，是你的工作记忆的所在地，你的高阶思维就发生在这里，我们的语言中枢也在这里。新皮层让你能够事先计划、解决问题并拥有各种奇思妙想。

杏仁核劫持

...

仅有逻辑是不够的，情绪是重要抉择的决定性向导。

...

进入大脑的所有信息首先都要穿过杏仁核和边缘系统，包括每一段经历、每一种感觉及每一个观察结果。杏仁核就像你的探测雷达，总是处于运行状态，下意识地保护你远离各种危险。

如果探测到威胁，信息就会被传入新皮层中进行加工。边缘脑区与思维脑区之间数以万计的连接让信息能够自由流通，让你能够处理复杂的想法。

当大脑探测到潜在威胁时，它会让身体做好准备，要么对抗，要么逃离。基于童年经历、我们的教养过程以及过去的经历，不管是亲身经历，还是所见所闻，每个人都倾向于一种或另一种默认行为。然后，我们会决定那一刻什么能给我们最好的保护。

如果你走进一间房时感觉不对劲，但却无法说出缘由，那其实就是你的边缘系统和杏仁核在工作。这是有科学依据的，可以对本能反应做出解释。迷走神经连接着你的大脑和胃，途经你的颈部和胸部。它可以触发胃部的痉挛（或恶心的感觉）、胸部的紧绷感或喉咙的收缩感。这些身体症状旨在警告你，某种可以感觉到的威胁存在着。

当杏仁核被触发后，神经系统会引发无数身体变化，如血量增加、血压升高、血糖升高及血凝剂增加（以及皮质醇及肾上腺素等激素的释放）等。血液开始转变方向，离开你的大脑和内脏器官，被送入四肢，做好逃跑或战斗的准备。

进入新皮层的血液减少，实际上会抑制你的精细思考能力。因此，回顾某次突然发作的情形，你可能会说："我那时别无选择。"也是因为同样的原因，之后你会想到聪明的回应（你应该怎么说或怎么做），这是因为，一段时间过后，这些化学物质已经开始消散（时间从 20 分钟到数小时不等，取决于强度级别）。

仅有逻辑是不够的，情绪是重要抉择的决定性向导。正是杏仁核决定我们是应该凭借情绪记忆对信息做出反应，还是应该将它们送入大脑中负责思考的区域，即级别更高的新皮层，以便进一步加工。

惯性逃跑者

关于情绪记忆，这里有一个例子：让我们回到进化时期。你是一个尼安德特人[1]，你正和朋友走在集体探险的路上。你们听到灌木丛中有沙沙声，突然一只剑齿虎跳了出来，并吃掉了你的朋友。你该怎么办？你当然会跑向最近的一棵树！这就是你的逃跑反应。

第二天，你再次经过这个地方，又听到了灌木丛中的沙沙声。你该怎么办？这一次，不管这噪声实际来自什么，你都会跑到树那儿。你的大脑已经形成一种神经通路和一种情绪记忆：灌木丛中的沙沙声等同于危险，而这意味着你要跑向树。

如今的职场上没有剑齿虎，但是，你的边缘系统并不知道它们已经绝迹。当面对实际或可以感知的威胁时，你的情绪会凌驾于你的思维之上。想一想你在工作中的人际关系，竞争者或敌对者很容易会被当作当今的剑齿虎。

虽然来自竞争者或敌对者的威胁可能不会危及生命，但你的边缘

---

[1] 尼安德特人（Homo neanderthalensis），简称尼人，常作为人类进化史中间阶段的代表性群居的简称。

系统却会感知它们的真实存在。威胁可能是带有侵略性的言辞、互动、肢体语言或社交聚会，其危险性会令你看起来很糟糕。如果你感觉自己在之前的一次会面中被怠慢了，如果你们的互动一直处于紧张状态，而冲突已经成为常态，每当你见到甚至想到这个人时，你的情绪记忆都会再现。

── 案 例 ─────────────────────────

在讲习班的一次汇报练习中，参与者西蒙脱口而出，暗示另一位参与者菲奥纳在会议中发言太多。菲奥纳当即掉下了眼泪，并离开了培训室，这便是一次直接而强烈的杏仁核劫持事件，其结果便是触发了逃跑反应。

要说"你把气氛搞僵了"，这样的表述可能并不够充分。其他参与者面面相觑，他们也被劫持了。（我也是！）那一刻，所有人都能从中学到点什么。我让这种紧张氛围持续了一会儿，然后问道："你们想怎么处理这种情况？接下来需要做什么来安抚你们的杏仁核，怎样修复这件事可能对你们与菲奥纳的关系造成的伤害？"

我得称赞一下这组人，因为他们勇敢地面对了这个时刻。西蒙立即去找菲奥纳，并向她道了歉（当他们一起回到课堂上时，小组的其他人也做了同样的事）。他们一起讨论了刚才发生的情况，以及各自的感受：对这种直接的消极影响感到震惊，而且感觉很无力，不知道如何找回同志之爱及他们一直很享受的愉快氛围。同时，他们也承认自己突然意识到，他们中任何人都有可能脱口说出一些会产生类似破坏效果的话。他们都有责任为修复关系采取行动，这不只是西蒙的事，他只是最早说出了那样的话的人而已。

回来后的菲奥纳勇敢地分享了她的体会，以及什么触发了她如此强烈的反应（威胁等同于逃跑），她自己也对这种反应甚为吃惊！菲奥纳其实近来已经收到类似反馈，说她倾向于首先发言并主导对话。鉴于这样的反馈，她一直在注意多听少说，所以那样的评论确实击中了她的软肋，她感觉自己不受重视且正在走向失败。而小组其他人并不知道前因后果，经过她的分享之后，他们提供了自己的看法。

这个讲习班顺利毕业。一周后，我对每个人进行了追踪调查。虽然不希望这个小插曲发生在任何人（包括其促成者）身上，但它的示范作用实在太好了。我们指导小组成员处理了这种情况，并确保他们的关系能够得到维持并最终得到强化。

什么触发了你

• • •

很多触发因素都是情境促成的，如果你有一次可以主宰自己的情绪，那你便可以学会在有压力的环境中主宰它们。

• • •

第 9 章　情商：当下聪明的力量

那些触发你的杏仁核的热钮在别人看来可能并不合乎情理，但在当时，对你而言，它们是非常真实的，而其导致的劫持事件是可以令人软弱无力的。

我们最近在本地一家剧院看过一次戏剧表演。当我走进礼堂时，我立刻被劫持了：我们的座位非常高，并且更糟糕的是，礼堂采用了坡度设计，结果露天效果更为夸张了，让人产生一种悬在空中的感觉。好像我们的座位不是一个"观景房"，而是一个"观景架"。

我的眩晕感立刻被触发了，尽管大脑中的理性部分告诉我，这座建筑不会倒塌，我的杏仁核还是被激发了，它断定危险迫在眉睫。家人费了很大力气哄我走到座位上，而我则花了更多的时间来控制心率和胃中的恶心感。

最终，我重新拿回控制权，表演很棒。我其实在第一次进入希思罗机场的 5 号航站楼时有过类似的反应，那个新航站楼的墙壁、地板都是玻璃。现在，我可以轻松地穿过这个航站楼，但最初几次，我必须请别的乘客陪我穿过浮桥，而在整个过程中，我的眼睛始终是闭着的，我一点都没开玩笑。

在工作中，触发因素的影响丝毫不减。在我们的项目中，最常被大家分享的触发因素包括：

- 感觉被其他同事轻视及未得到尊重。

  例如，说话被打断，或被排除在会议邀请范围之外。
- 辛苦了好几周的项目被取消了。

- 客户（或同事）不公平地厉声指责你。
- 你最好的朋友（共事者）突然被解雇。
- 你老板在你已经超负荷工作的情况下仍派给你更多工作。

考虑一下你自己的热钮，有多少是由情境促成的？也就是说它们只发生在工作中，而不会发生在家庭生活中，或者，反之亦然。就我的例子看，我的眩晕感并不是在飞机或直升机上被触发的，而是在建筑中被触发的。有多少热钮是被你工作中遇到的某些人而不是每个人触发的？能在一种情况下成功控制自己的热钮就意味着，你也可以学会在相应的触发情形中控制它。

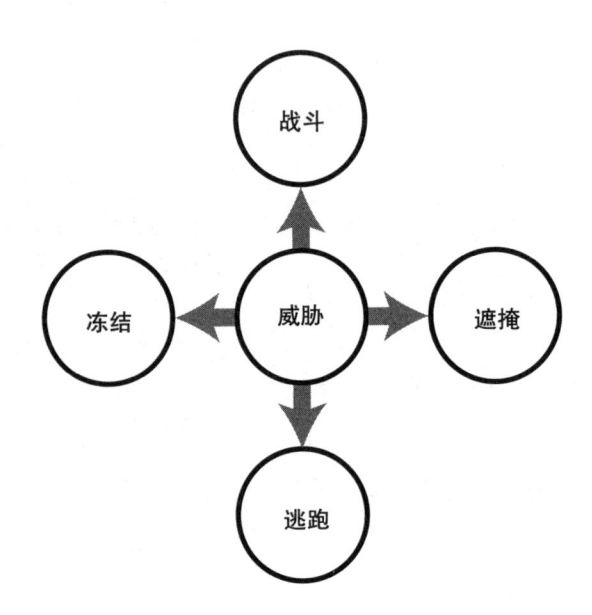

你会战斗还是逃跑

当你的杏仁核被激发后，它可能触发四种反应（有时候是多种反应同时出现）。它们是：战斗、逃跑、冻结或遮掩。这个过程就像连锁反应，一种威胁触及你的杏仁核，导致你瞬间"愣住"（冻结），而你的边缘系统和身体系统在那一瞬间决定实施哪种反应。

虽然每个人在工作中都会遇到各种情绪劫持，但我猜，这些情绪劫持鲜少以肉搏（战斗）告终，或让你能够先系好耐克鞋的鞋带再跑到停车场（逃跑）。触发因素是由情境促成的，基于与之相关的地点和人。想想看（请用你的新皮层），当难以接受的反馈来自于你的同盟者时，我猜想，相比来自竞争者或敌对者的反馈，你更倾向于考虑接受。

与老板打交道可能比与团队成员打交道更让你有压力。然而，对于团队成员而言，来自作为上司的你的反馈，会触发他们身体中的劫持反应。在接收反馈的过程中，员工关注的是来自于你的威胁（我是否会被炒鱿鱼、这会对我的奖金有何影响……都是想象中的威胁，但对于杏仁核来说又都是再真实不过的威胁），而不是关注你给的信息或手边的工作。记忆、规划及创造性就都顾不上了，人们只会循规蹈矩，不管这些反应对于解决当前的挑战是多么不适合。

作为团队中的领导者、项目经理或专业领域专家，我们有时候会忽略一个事实，即，仅凭借我们的地位，就能触发其他人的各种反应。当你顶着某个头衔时（不管是正式的还是非正式的），能够影响别人的职业前景或奖金水平的权力会触发他们身体里的劫持反应。如果你是给他人提供意见的专家，当这些人靠近你时，他们的杏仁核很可能会处于一种高度警觉状态。回想一下我之前提到的陷入"威胁—反应—威胁—反应"循环的团队。要想改变及打破这种循环，需要每个人以一种可以安抚他们的杏仁核（及你的杏仁核）的方式行事。注意你自己的战斗或逃跑反应（自我意识），并对周围其他人的反应保持警觉（社会意识）。

情绪被劫持

我经常问讲习班成员：办公环境中的情绪劫持都有哪些样子？

回答者常用下面这些词语来描述战斗反应：

- 爱争辩、会使用不适当的语言、提高音量等。
- 妄下定论、爱假设并将其说得像事实一样。
- 展现出含有敌意的肢体语言——翻白眼、砸桌子、咄咄逼人或威吓、闯入别人的私人空间。
- 背后议论人——说别人或另一个团队的坏话。

而他们是这样描述逃跑反应的：

- 撂挑子——"我停止参与这样的对话。"
- 忽略别人的毒性行为或即将到来的问题，因为害怕会令事情更糟糕。

第9章 情商：当下聪明的力量

- 自我矛盾——"我虽然这么说，但实际想的是另一回事（当我应该给予否定答案时，我给出的却是肯定答案）。"
- "我们不再谈论重要话题，沉默成为常态。我们看到明明存在却被刻意回避的问题，却选择不提出来，忽略它。"

我们讨论的第三种反应是冻结反应。参与者这样描述它：

- "我当时即将为一个新客户做一次重要展示。我之前并未意识到自己有多紧张，直到首席执行官问了我一个具有挑战性的问题。我愣住了，我知道答案，但就是想不起来了，也不知道说什么好。我觉得自己真是太蠢了！"
- "那感觉就像是谚语中说的那只'车头灯前的鹿'，毫不夸张地说，我那一刻感觉自己麻痹了。"

遮掩反应更具挑战性。新管理者把这种反应描绘成当他们不得不给予严厉的反馈时可能做出的一种反应：

- "我们办公室里有一位很强势的经理。每当他开始咆哮时，我们都不作声。不用浪费时间去提出问题或担心，即便我们是正确的，他也不会听。当然，当项目没有进展或遇到障碍时，他会更加气急败坏，想知道为什么没人提醒他。"
- "我必须给予团队成员一些反馈。可当他们开始变得不安时，我听到自己告诉他们那不是什么大问题，不用管它。我之所以这样做，是为了避免随之发生的冲突。但是，那确实是个大问题。他们需要听到那样的反馈，而那一瞬间我自己动摇了，也改变了我需要传递的信息。"
- "我想到了项目审核会，尽管我们意识到可能会有一些影响项目进度的延误,但我们告诉老板项目一路'亮绿灯'正在朝着目标前进。这让老板很高兴,避免了他因为听到事情不顺利而失望和愤怒。"

在情绪复杂时,如果你能够避免杏仁核劫持思维,你就会拥有更多供你支配的权力,从而做出更好的决定,并对你的竞争和敌对关系做出有效的反应。

留心预警迹象

我们每天都要经历某种程度的劫持。我们处于一个无休止的"触发—反应—触发—反应"循环中,除非我们能够应用新技能和新解释来打破这个循环。

杏仁核被激发时,一些化学物质就会释放到血流和身体中。即便不会发生全面的劫持反应,这些化学物质仍然会存留一段时间,并随着每次威胁触发的反应越积越多。这种不断加重的情绪状态一直持续到某个点,直到最后一根稻草压垮骆驼,结果就是一种看似与最近一次的触发因素并不相称的爆发(或关停)。

根本上讲,那可能只是错误的时间、错误的地点。我用一个例子来说明我要表达的意思。你开车离开家去上班,开了几分钟后,你意识到车快没油了,于是,第一个微型劫持被触发。你加了油,离开加油站并开上高速公路,不料想竟然有人超你的车,导致你不得不急刹车,你后面的车（不知道发生了什么事）猛按喇叭，你现在对这一前一后两个人感到很失望，第二次劫持发生了。

到办公室（迟到了），你常用的停车位已经被占了，于是，你最终不得不从停车场一个很远的角落走过来，第三次劫持发生。你终于来到自己的座位上，一按电脑电源，电脑竟死机了，第四次劫持发生。你决定去喝一杯咖啡，却发现咖啡机已经空了，而之前用过的人并没有管它，第五次劫持发生。

就在这时，一位同事出现并问你是否"可以……"。这时，第六次劫持发生，把你推到边缘，你带着六次劫持累积的全部火力回应这个无辜的人，她从始至终都不知道怎么回事。

好消息便是，如果加以注意的话，我们天生带有一个能够就迫近的劫持显示出预警迹象的内置系统，忽视这些预警迹象会让我们陷入危险之中。关键在于，你能否尽早地看到、感受到或认识到它们，从而在产生毒害作用之前采取措施。

这些预警迹象可能包括：

- 手心出汗。
- 呼吸节奏改变。
- 感觉气血涌动。
- 心率加快。
- 胃部有恶心感或紧缩感。

如果有人问你"你还好吗？"并且告诉你"你今天看起来不大对劲"，那你该注意了。不要不当回事，要稍微上点心，想想自己做了什么或没做什么才会导致别人那样问你。有时候，外人更容易看到我们不断升高的压力等级，而他们的观察会把我们带离边缘地带。

解除劫持

要减少甚至预防杏仁核劫持，有很多方法。情商意味着管理触发因素，而不只是管理触发因素的影响。

这就用得着自我管理和关系管理了。这些方法看似简单，但都经过深入的研究，经受住了时间的考验，并且非常有效。如果你知道自己将要面临压力（比如，在两百人面前做演示报告），那么，上台前使用这些方法会增加成功的几率。对于劫持反应，你并不是只能坐以待毙！

我们都在小学里学过简单（但有效）的处理衣服着火的策略：停下、躺下、打滚。把这些策略用到你的情绪上，也许正好能挽救你的名誉及工作中的人际关系。

停下：这意味着离开当前这条路，及时有效地放弃通往默认行为的路，以便提高此时的效能。关键是脱离，以便你能够更强有力地重新投入。让你自己远离直接的触发因素，不管是保持实际距离，还是思想上的距离。你要掌控形势和对话，以便你能够说真话、有效地增加价值，在需要给出否定答案的时候给出否定答案，而在需要给出肯定答案的时候给出肯定答案。

策略包括：

- 数到 10。
- 休息一下。
- 散散步。

躺下：我们的大脑需要身体中 20% 的氧气。这些氧气首先用于满足基本功能，然后如果还有结余，再用于较高级别的需求，如复杂的思考、问题的解决及明确的观点表达等。在劫持反应中，大脑中的血液和氧气被分走，移向身体其他部位，以便为战斗或逃跑做好准备。通过关注呼吸，我们会将更多的氧气送回大脑，让它能够更好地发挥作用。然而，这并不只是深呼吸的事，这条策略还包括将一定程度的精力集中到你的呼吸上。提高了的呼吸意识会刺激大脑中负责思维的部分，让它去安抚你的杏仁核，并控制住它的影响。你的想法不可能快过呼吸！

策略包括：

- 放缓和加深呼吸。
- 用鼻子吸气，用嘴呼气。
- 想象成功，或能让你冷静下来的某种事物、某个人。

打滚：要压制住你的杏仁核，即你的情绪中心，你的新皮层需要信息；它需要以柔克刚。由于边缘系统无法进行复杂的思考，你需要通过问问题和寻找更多信息来重新接入你的新皮层。

策略包括：

• 问自己："为什么一个理性的人会这样想我？这样对我？这样说我？"

• 保持好奇心，并对假设的准确性进行测试。提出开放式问题，解释你的想法。从别人那里获得反馈，其中不仅仅包括你的同盟，还要包括批评你的人。

• 探索你的角色，以及你对这种情况的推动作用。你已经对每次互动和关系的品质（或品质的缺乏）起到了作用。那么，承担起相应的责任。

新技能：大脑新的连接

选择构建你的情商与学习任何其他技能并无不同。每当你练习一种新技能时，你的大脑都会产生新的连接和路径，帮助你从生手成长为大师。

想一想你最近一次学习新东西的情形。可能你一开始总是笨手笨脚，只是偶尔能取得成功。但随着时间的推移，你的信心和技能水平都有所增强，最终，你不假思索便能使用这种技能。练习以及更重要的引导性练习将保证你正在构建的神经通路是正确的习惯。情商是可以习得的。

最新研究显示，心理练习，如想象一种情况并在脑海里预演成功结果，可以达成与实际行动一样的效果，至少在早期学习阶段是这样的，大脑对二者并不做区分。当然，如果需要肌肉记忆（如一种运动），那你有时还是要离开椅子去练一练，以便提高技能。

你与他人的互动亦是如此：把与共事者的艰难对话先想一遍，可以帮助你更有效地引导对话。

• • •
"不要等人领头，自己干，人对人地干。"
——特蕾莎修女（Mother Teresa）
• • •

先理解别人的观点

之前，我曾说过，要通过换位思考培养同理心，就如同穿上对方的鞋子。然而，为了达到这样的目的，你首先必须要准备好脱掉你的鞋子！

要在分享自己的立场之前先理解别人的立场，我们要学会克制住表达的冲动。试着理解别人的观点，并站在他的角度去思考问题，这会让你：

- 以他的讲话方式以及从他的角度去描述你的观点和期待。
- "尝试"他的观点，把它变成你自己的观点。
- 选择让步，并将你们的看法合二为一。
- 想出一个你们都未曾考虑到的新观点。

当我们抱着一种"我优先"的心态时，我们会倾向于提供更多数据和事实、更大声讲话或只是凭借权力说服对方。这些方法也许会促成一个让你满意的结果，但可能会导致日后发生更多冲突。一种更有效的影响他人的方法是，理解他们的观点，并以此为基础。

对于"先寻求理解"，这里有一则很实用的建议：总要有人先开始。如果与你共事的人也读过本书，或者史蒂芬·柯维（Stephen Covey）的《高效能人士的七个习惯》（*7 Habits of Extraordinary People*），那么，你会发现，你们不可能都去"寻求理解对方"，你们中的一人必须要率先表达观点，并将此作为基础。如果是你先分享，确保对方也可以参与讨论，并有机会说出自己的观点。

第 9 章　情商：当下聪明的力量

...

"一起被激发的神经元凝聚在一起，不同步的神经元不再彼此相连。"

——改编自唐纳德·赫博斯（Donald Hebbs）的理论

...

人类是群居生物。我们需要感受到与他人的社会联系，需要感受到有人聆听并重视我们，需要感受到别人的在乎。

当个人或公司通过威胁、隔离或攻击行为等毒性行为阻止我们去获得这样的感受时，大脑会创建一种紧急停止模式，让我们更难进行富有成效的思考和行为。

由于工作的成功是由我们与人合作的能力决定的，因此，情商很重要。对于糟糕的选择，你可能会说："我就是这样"或者"我别无选择，对我而言，他始终都很难相处"。但这样的理由说不过去。

你可以选择以不同的方式来做出反应，这可能需要练习和时间，但却是可以做到的。

你对别人持有的心态（和情绪）会影响在你旁边工作的人。当你对某个人产生负面印象时，你会挑出他的错误或其他例子来支持你的观点（就像控方）。

另一方面，当你对你的团队持有积极观点时，人们会倾向于以一种支持这种信念的方式做出反应，即一种充满自信的自我实现方式。

拥有或成为一名同盟者并不意味着你天真或过度放任别人，也不意味着你要采取没必要的措施来保护别人远离工作中的每一次威胁（例如，总是自愿承担小组陈述的任务）。合理的方法是允许知情情况下的冒险和犯错误，它们会被当作学习的机会，而不是惩罚的理由。

基于培养有效的人际关系去打造公司文化，将减少你的大脑中可感知的威胁。拥有一个同盟，可以减少你承受的压力。同盟者会提供一个能够鼓励行动的安全网。

同盟者角色意味着，你要提供适当的支持和质疑。基于同盟者心态的团队合作对团队产生结果的能力有直接影响。

总结

- 情绪驱动我们的行为，行为影响我们的表现以及与他人的关系。
- 情商包括四个方面：
  ○ 自我意识
  ○ 自我管理
  ○ 社会意识
  ○ 关系管理
- 任何时候都可以自觉地、有意地学习和培养情商的能力和技巧。

进阶练习

1. 选出你在职业生涯中遇到的一个竞争者或敌对者，他们触发了你的哪种反应？

战斗——逃跑——冻结——遮掩

○ 你对这个人未来成功的可能性怎么看？

○ 你如何对待或谈论这个人？

2. 你在承受压力及即将形成劫持反应时会出现哪些症状？

3. 回想你有过的一次讲话或做事太冲动随后又后悔的经历。这次经历对你的名誉及双方进行有效合作的能力产生了怎样的影响？

4. 有哪些问题是明明存在却被刻意回避，但又应该予以讨论的？就你们的关系及有效合作的能力而言，这种沉默的代价是什么？

欲获得更多实践资源，请访问以下网站：

www.CultivateTheBook.com

第10章 在变化中重建工作关系

> 想要与你一起乘豪车兜风的人很多,但你想要的却是一个在豪车出故障时能与你一起乘公交车的人。
>
> ——奥普拉·温弗瑞(Oprah Winfrey)

我们都曾遇到过一些令人恼火的人:那些自我意识强烈到仿佛只有双开门办公室才能容得下他的巨型头脑的人;不停东拉西扯却不谈工作的同事;每天在绝望中跟你分享抱怨的可怜虫。

对于这些人,一种方法是,不惜一切代价避免与他们接触。但是,如果他们是你的老板或同事又该怎么办呢?大部分时间里,你要面对他们,跟他们一起工作,而且你们的成败休戚相关。

不幸的是,与这类人一起工作会影响你的心态和表现。情绪是会传染的，人际关系就是情绪化的。

想一想，你是否曾经有过这种经历：当你走进某间屋子时，还没开口跟人说话，就感觉到某些事情发生了。我们的情商能捕获线索，并对其加以分析，然后将信息传达给思维和行动，从而影响我们的行为。

成为聪明人（高智商）已经不再是（并且可能从来都不是）成功的唯一保障，技能和知识也只是其中的部分因素。情商（EQ 或 EI），或者说人际交往能力，即便不比智商更重要，至少也和智商同等重要。

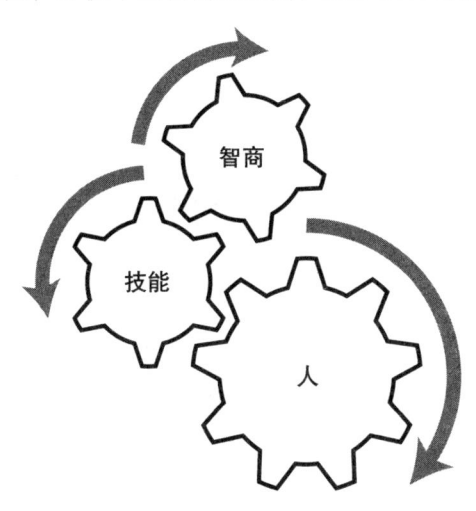

有关团队合作，我请参与者选定三个他们愿意再度合作的同事、老板或下属。然后我们分析究竟是什么原因让这些人如此难忘。结果，某些特质总是被一再提及：

- 他们视我为独立的个体，他们关心我。
- 他们把我当作一个人来建立联系。

- 他们给我时间，并认真听取我的想法和建议。
- 他们会给我有建设性的反馈。
- 他们让我觉得自己有价值。
- 他们激励我做出卓越的成绩。

值得注意的是，这些素质大多是在人际关系中得到体现的，如，这个人是如何与他人互动的，以及他的价值观怎样。当我们回想起某个人时，印象最深刻的往往不是他有多聪明，而是他有多贴心，因为他将我们看作一个有血有肉的人，而不仅仅是一个业务伙伴。

你为何失败

• • •

管理者们70%至90%的时间都在与人共事，如果不借这些机会有意搭建人脉，那简直是浪费。

• • •

领导者的失败很少是因为缺乏技术能力，而是因为他们不懂得培养有效的工作关系。他们缺乏通过影响他人而得到自己想要的结果的能力。

在看到别人的起起落落时，回想一下你自己的职业生涯。当职业路径脱离轨道时，通常不是因为专业技术，而是因为人际关系。我们说得更清楚一点：你的专业知识很重要、很关键，能够让你说话有分量、预测问题并为问题的讨论做出有效的贡献。但是，这些技能只够让你勉强立足。构建和维护高品质人际关系的能力则会带给你更大的成就，并让你的团队取得成功，更上一层楼。改变会加速你的成功，你应该在这方面有所投入！

有趣的是，即便有正式的领导能力培训，结果也未必尽如人意。美国培训与发展协会（American Society of Training and Development）[1]的2012年行业报告表明，美国企业仅在员工学习及发展方面的投入就达到了1560亿美元。这是一笔惊人的投资，尤其是，各项报告表明，近2/3的机构称其高管人员缺乏管理和领导技能，而基层管理者的组织领导能力更是匮乏。

我们教人们如何分配权力、管理项目及进行年度审核，却不教人们如何有意识地去改善工作中的人际关系。据约翰·科特（John Kotter）所说，平均而言，一名（总）经理会拿出约25%的时间用于独自工作，大多数人会将70%至90%的时间用于与他人共事——开会、特定目的的聚会、正式的员工聚会、回应个人问题或援助请求等。

在我与一些高级领导者及团队合作的过程中，这一点再一次得到印证：如果不有意识地培养工作中的有效人际关系，那么所有的互动就都

---

[1] 2014年5月已更名为人才发展协会（Association for Talent Development），简称ATD。

是在浪费机会。

为了日程管理及迁就领导者的时间需求，大多数会议和互动变成了纯粹的事务处理过程，这注定会让会议的效果大大减弱。

不管你是高层领导者，还是普通员工，大多数职场中的人际关系都无法超越这种机械化的模式。这样似乎更简单，就像这样，"你能为我的职位或项目提供怎样的帮助？"可是我们很少花精力去了解对方，或关注我们能为他们提供怎样的帮助。

这是一种目光短浅的方式。培养有效的人际关系意味着，我们要把每段人际关系带入一个新高度，并建立起个人之间的联系，尝试去理解什么能激励这个人，什么会让他害怕退缩，我们的个人风格有哪些相似或不同之处，以及为获得非凡成果而合作所需的相关因素。如果没有这种个人之间的联系，那么合作、坦诚和良性竞争都会被扼杀。知识的分享以及对风险的警告都会减少，竞争很可能会携带破坏性。职场中的人际关系决定事业能否成功。

打破"我优先"的态度

很多人都明白人际关系很重要，但却不肯付诸实际行动。这些道理都是老生常谈，我知道很多人并非不赞成。但是，如果我问："你会花多少时间来培养有效的人际关系？"极少有人回答说他们会有意投入精力去做这件事。

除非出了什么问题颠覆认知，人们通常都认为自己的人际关系还不错。人们以为那些不痛不痒的关系挺好的，事实恰恰相反。

人们习惯用个人的成绩和贡献来衡量成功，只关注手头的任务，即"需要做什么"，但涉及"我们怎样完成任务"时，却很少或根本不花时间去关心自己的同伴。不幸的是，这种方法实际阻碍了我们实现业务目标！

这种"我优先"的态度并不令人意外，想想我们的教育体系，正是这种体系强化了这种心态。从最初入学到中学，再到大学，关注点一直是超过你的同学，跻身于班级前 × 名。整个教学都是围绕个人努力及最终的个人成功进行的。即便有团体任务，学校也几乎没有时间去教授学生如何进行有效的团队协作。因此，与人好好合作、倾听其他观点以及讨论不同见解以增进相互了解的能力，却很少有人学到。

我们走出学校进入职场后，这种个人主义模式仍在继续。在职业生涯的早期，我们会把大部分时间花在强化个人技术专长上，那是我们评估自己（及他人）价值的典型标准。然而，随着职业生涯的推进，相比个人能力，人际关系方面的素质对我们的成功影响更大，与他人合作的能力变得弥足珍贵。

不会合作无一例外会导致你的职业生涯停滞不前，或者，更糟糕的话，甚至导致职业生涯的崩塌。不管你的履历有多么华丽、你的工作经验有多么丰富，或是你曾经有什么样的职位，无法"与别人打成一片"

将损坏你的名誉，阻碍你事业的发展。

各家公司中不乏专业能力极佳的人，他们总是能扶摇直上成为领导者。但这些人大多没有接受过相关辅导、帮助或培训，所以他们不知道，管理其他人需要一整套新的技能，以及新的心态！这种"扔到水里学游泳"的方法带来的结果就是，很多人是在自取灭亡。没有人希望他们待在团队里，或者，他们太安静，以至于人们对于他们的意见置若罔闻。这就是所谓的高智商低情商。

"提问与告知"模式

马克曾经是办公室里中最聪明的人。他总能迅速主动地提出自己的观点，第一个发言，然后滔滔不绝，主导整个对话。开会的时候他总是剑拔弩张，项目也都进行得不顺利。他并没有成为团队的核心人物，反而被逐渐边缘化。

马克对此不以为意。他很享受自己树立的"聪明"形象。最终他还是凭借自己的技术知识晋升为部门主管。人人心知肚明：他凭一己之力得到了他想要的结果，以他与整个公司同事的人际关系为代价。

马克已经注意到了紧张的氛围，但却没有意识到他才是问题所在。学习了"识别与培养人际关系"的系统课程之后，他才意识到他的行为违背了他的本意。

我们为马克找到了调整办法,即"提问与告知"模式,在提出自己的观点之前允许其他人先发言,花时间去了解利害关系人,并询问他们是否需要帮助。

马克实现了逆袭,他的人际关系变得开放且值得信任。马克收到了有史以来最好的年中评审。这证明了一点,转变方法可以带来收获,对马克如此,对他的同事也一样。

马克的一位同事说:"他现在容易接近多了,愿意听取别人的意见,我觉得与他合作和共事更轻松了。"

建立连接

《哈佛商业评论》(*Harvard Business Review*)中的一篇文章认为,团队关系是团队成功的关键因素。另外两个相关因素是强化人际关系的主动性及肯花时间与团队建立牢固关系的领导。

既然团队成功(及个人成功)取决于团队关系,那么自然而然,花时间去了解团队成员,明确团队的参与规则,就是一项有利的投资,是不是?

要创建这类团队关系,说起来容易,做起来难。随着科技的日益发达,电子邮件得到了普遍应用,并且已经泛滥到了损害工作绩效的程度!

在我的团队近期开展的一个项目中，领导者们称，他们每个人每天会收到几百封电子邮件。也许电子邮件可以将领导者们拴在电脑前，或让他们的手机保持一天24小时开机，但同时也阻碍了有效人际关系的创建。

我在一家大型电信公司里有过这样的经历，那里的平等主义模式导致了适得其反的效果。我们是一家由一个个小隔间组成的公司。走在走廊上，你可能看不到任何人。人们用电子邮件与20英尺之外的同事进行交流，而我们所有人都想知道，为什么我们之间没有面对面的联系！

对比一下完全开放的工作环境：没有墙、没有隐身、没有借口。团队成员之间只需抬起头就能与旁边的人交谈。那会形成一种非常不一样的氛围，充满同志情谊，团队关系十分融洽。别误解，我们还是需要有"安静的时候"，远离办公室的喧哗，以及一个必要时可进行私人交谈的办公室。我并不是建议你推翻墙壁去建立人际关系（虽然此刻我确实有这种想法，是的，我这里说的墙是比喻性的，它们阻碍了我们去了解隔壁的人）。上述两种环境中的经历让我形成了这样的信条："让你的屁股离开座位，去找谁聊聊！"

即便当团队聚在一起讨论策划方案时，常常也只是走走过场，仿佛一副寻求共识的样子，说说各项目标，谈谈各自的角色，而只要一回到自己的座位上，他们就会把那些东西迅速忘掉。时间很宝贵（电子邮件需要集中精力）。我们总认为构建人际关系是一种"又傻又无用"的事情，这样的认知会让我们低估花时间关注业务中的人际因素所能产生的价值。

记得在我开始从事金融业的时候,有人曾告诉我:"这里只有业务,不需要情感或个人关系。"奉行这种理念,不难想象,团队成员之间的信任越来越少,大家对团队领导者的信心也逐渐消失。我们都知道,合作规则已经被打破。我们敲着手指开着会,咬紧牙关忍受着内心的崩溃。我们会向家人和朋友发泄,但在工作中依然保持沉默。

我们并不公开说出自己的担心,因为害怕得不到满意的结果,或是害怕把已经紧张的氛围搞得更僵。我们给这种情况找的理由和借口是:反正大家都不出声。我们以为世道就是这样,不如随波逐流。我们避免与那些能够改变态势的关键人物进行艰难的对话,这些人可能是我们的同事,甚至是我们自己。

因为一直缺乏"说出来"的能力,情况变得越发糟糕,直到大家之间的关系被磨损到没有了调和的希望,以至于一方或者双方都不得不离开。你可能见过这种情况,甚至可能亲身经历过。

事先说明合作规则

在一段关系开始的时候,或者一个项目刚刚成立的时候,说出你的需求(或重新商谈你对现有关系的需求),这样,当事情偏离轨道时,你们就能比较容易矫正方向。注意,我说的是"当",而不是"如果"!有前瞻性的方式是唯一的选择。

我曾在工作中遇到过一些领导（或同事），他们以为我是他们肚子里的蛔虫，而结果就是，当我的第六感不灵时，得到的就是他们气势汹汹的责骂。对此，我一直觉得自己也有错。

刚开始在银行业工作时，我经常出差。有一次，我出差的地方正好离我父母家很近，于是我决定在那里住一晚，而没有按要求往返一百多英里，第二天还得跑回来。我的老板一向不相信自己的员工，而她也养成了随时检查我们的工作的习惯，以至于当我到达一家分公司时，其经理常常会笑着告诉我，我老板已经查过岗了。这一次，刚到父母家，我的手机便响了，那时离下班时间还有一小时。

"你在哪儿？"这位"检察官"问。我报告了最新动态，并加上一句："我今天住在我父母这里，我现在在读一些最新的商务书籍，是关于……"

"那不是你的工作！"我老板吼叫着。

我目瞪口呆，一放下电话就掉眼泪。我记得和父亲讨论过这个问题，想让他告诉我接下来该怎么做。我们一起讨论了各种选择，怎样开启对话以便能为我们的工作关系带来积极的改善。那时候我可能还未意识到这一点，但是那件事是促使我写这本书的一个重要节点。

这通电话正是不设定期望值的一个典型例子。我们都不会通晓彼此的一切，心灵感应并不奏效，假设它会奏效只会带来失望。更好的方法是交谈，通过交谈了解彼此的期待，把隐含的东西变得明确。阐明合作规则会帮你做好成功的准备，不管是在你一帆风顺的时候，还是遇到挫折而像我们中的很多人那样想要回归不恰当行为（例如微观管理、指挥控制或消极反抗）的时候。

合作规则可以包括以下步骤：

- 确保双方就需要实现的目标达成一致。
- 就权力等级及决策责任达成一致。
- 明确角色和责任。
- 了解每个人的性格、交流及决策方式，有哪些一致及不一致的地方，以及个人价值观及行为会对成功产生什么样的重要影响。
- 会议节奏——在哪里开会，以及多久开一次会。
- 上报流程——什么时候寻求帮助、向谁寻求帮助，以及预报可能存在的风险。
- 反馈及就希望值给予指导。

在你的下一个项目中试一试这些步骤。通过设定期望值，你会清楚自己可以向谁寻求建议，谁可以充当艰难决策的过滤器。你的团队也会知道，当你遇到问题时，该向谁求助。

阅历不等于明白合作规则

有一种臆断会令人陷入麻烦，那就是一种基于年龄、任期或资历的错误安全感。太多时候我会听到有人这样说："你已经在这一行干得足够久了,你知道什么该成为优先事项。"或者,"不用我来告诉你该如何工作吧。"经验丰富的领导者加入新公司时这种情况尤其多见。很多时候,新团队不会投入时间去有效地协助一位高层领导尽快"上手",而更多的是采取自由放任的方式。虽然这些老练的高层领导在原来的公司已经轻车熟路,但新公司是一个全新的环境,有着全新的参与者,以及不同的文化。

我毫不怀疑这些经验丰富的领导者最终会弄明白新的游戏规则,但是他们要付出怎样的代价呢?

讨论需要"做什么"(目标和目的)只是其中一个重要因素。如果不讨论"怎么做",即如何处理你们的工作关系,那就等着迎接鸡飞狗跳的惊喜吧,那是可以预见的。

我们需要从一开始就关心别人的成功。不管你已经多么成功,当你开始与一个新团队或一家新公司合作时,开诚布公地讨论"怎么做"是迈向成功必不可少的一步。

这样你就能直接掌握"怎么做",你会引导自己以及你与别人的互动。你的名誉、成绩及未来就取决于此。

• • •

不管你资历多高,或者已经多成功……你最好坐下来,开诚布公地谈一谈……不只是要谈需要达成的目标,还要谈一谈行事风格及方式。

• • •

第 10 章　在变化中重建工作关系

在《创始人：新管理者如何度过第一个 90 天》（*The First 90 Days*）一书中，作者迈克尔·沃特金斯（Michael Watkins）说，40% 新进入一家公司的外聘高管在前 18 个月中无法达到预期的结果。不只是这些领导者会遭遇失败，根据这位作者的估算，每新来一位新领导，12.4 名工作人员的绩效会下降。此外，据估算，每一位外聘高管的失败会导致 270 万美元的经济损失！关于外聘人员的失败率，沃特金斯给出了三个原因：

- 不熟悉组织结构、非正式沟通网络的存在。
- 不熟悉企业文化。
- 跟其他人不熟悉，因此没有内部人员的那种公信力。

这些原因直接指向工作中的人际关系。失败不是因为"不够聪明"，而是因为合作规则的问题。

在变化中保持主动性

如何在不断变化的工作关系中保持主动性？我建议至少每三个月停下来反复评估一下你以及公司的情况。这样做，你会发现哪些东西依旧保持原样，而哪些已经改变，以及这些变化对你的重要人际关系产生了怎样的影响。除了这个好习惯，下列这些转折点也为你提供了重新评估重要利益相关者的时机：

- 晋升到新的领导级别。
- 转换了角色或进入新公司。
- 承接了一项关键业务，高风险目标，而你不容许失败。
- 调任到新的地方、城市、州或国家。
- 接手一个你并不在行的新项目。
- 收到反馈说你需要学习或培养一项特殊的新技能或能力。
- 经历一次组织结构的大变革或重组。

"谁知道你"胜过"你知道谁"

培养有效的人际关系并不只是为了眼前的业务，这么做也是为了提高你在工作中的人际关系以及整体人脉的品质。你是不是正在为实现你的长期职业规划而努力？"谁知道你"总是胜过"你知道谁"。在今天这个联系高度密切的世界里，这才是关键所在！

有了LinkedIn这种社交网络，你与招聘经理仅隔几个等级之遥。相信我：招聘行家们为了他们的远景会深入到你的关系网中。这就不只是收集名片、Facebook上的点赞或LinkedIn上联系的事了。这意味着你可以全面构建你的口碑。

不管你是否在使用社交媒体来建立各种联系，或者你的公司是否在使用类似的工具作为联络簿，虚拟联系并不等同于有效的职场人际关系。要想培养有效的人际关系，你需要了解电脑背后的那个人。

你的成功取决于此。

总结

- 很少有领导者因为缺乏技术能力而失败。领导者的失败或职业生涯陷入挣扎，往往发生在不投入时间去培养有效的人际关系的时候。
- "怎么做"与"做什么"一样重要。
- 培养有效的职场人际关系应该成为一种日常习惯。

进阶练习

回想三个对你产生过深远影响并对你今天的成就有过帮助的人，在下面写下他们的名字：

1. _____
2. _____
3. _____

这些领导者/同事/其他人做过什么？他们的名字出现在上面的列表中是因为他们展示出了什么样的特质？把这些特质写在下面：

1. _____
2. _____
3. _____

你从他们的建议或方法中学到了什么？

挑战自己

在你能力范围内，联系列表中的三个人，并对他们表示感谢。

欲获得更多实践资源，请访问以下网站：

www.CultivateTheBook.com

识别你的重要人际关系

管理者们从商学院学到的人际关系,不是对上的,就是对下的,然而,今天的大多数重要人际关系都在身旁。就我所认识的大多数位居管理层的人而言,如果说他们有什么必须要学的,那就是如何处理无权威又无秩序状态下的人际关系。

——彼得·德鲁克(Peter Drucker)

你的成功取决于谁

与各种领导团队合作时,我会用仓鼠转轮打比方,来谈论专注这个问题。对于大多数人来说,专注就是忙着在自己的转轮上奔跑,以至于忘记停下来去问问，我们的奔跑有没有效率，我们有没有与整个团队一起跑！

接踵而至的会议实属常见，手头总是有三五件事分散你的注意力，难怪我总是听到有管理者说："我连思考的时间都没有，更别说什么建立人际关系了……我得跟收件箱和工作安排表赛跑！"

关注及培养重要的人际关系意味着，你必须想办法停下来思考：

- 谁（以及什么）可能会对你的成功有所帮助。
- 谁（以及什么）可能会阻挠你的成功。
- 怎样做能加强你在工作场合的人际关系，为你带来成功。

让我们来讨论一下培养有效人际关系的三个前提。

前提 1：工作是一项团体运动。

工作就像最艰难的团体比赛。无论是大型跨国公司，还是一家刚起步的小公司或非营利性机构，都是如此。尽管这样，却很少有人像重视个人成功那样重视团体的成功。

大多数人带着从学校习得的精湛技能进入职场，却并不怎么注重与他人合作，一起达成某些目标。

我把这比作羽毛球比赛（单打比赛——我在高中时打过），在这样的比赛中，成功与否取决于我们能够以多快的速度把加速飞来的羽毛球打回去。

换到职场上，我们看到，个人、团队或部门之间相互竞争，彼此隔离，资源利用效率低，人们不再发挥他们的强项，而是一心想要避免出错，电子邮件满天飞，直到分出胜负。

相反，足球等团体运动，每个队员都能发挥个人强项，但随着比赛的展开，他们还要有团体意识。在适当时候，他们会充当其他队员的后援和助攻，完事后便回到自己原来的位置上。一个人可以进球得分，但大多数情况下，得分是相互传球和互相信任的结果。胜利的光辉（甚至失败的痛苦）都是大家一起分享的，每一次的成功与失败，都是团队成长的机遇。

即使是个体经营者，也离不开与客户及其他合作者，总之，工作是一项团体运动。

前提2：你依赖于其他人来实现你的成功。

• • •

短视的救火成了常态，而防火策略却被忽视了。在比较极端的情况下，甚至不只是救火，还有纵火。

• • •

花一点时间，再读一遍。你相信吗？如果工作是一项团体运动，那么，你的成功就离不开其他人。仅凭一己之力，你不会有多好的表现。尽管如此，在很多充斥着"英雄情结"的机构中，人们总是等待插手和力挽狂澜的机会。短视的救火成了常态，长期防火反而被忽视了。在比较极端的情况下，甚至不只是救火，还有纵火。为了能够成为英雄，人们甚至不惜制造危机。

虽然这种"独秀心态"在短期内可能会带来一些成果,但当自我要求过高时,你会感到筋疲力尽。其他成员可能会袖手旁观,心里想着:"干吗自讨没趣,反正他都能自己解决的。"

对于公司而言,当关键人物离开时,系统知识会一并被带走。缺乏协作精神的结果便是,个体问题危及团体成功。

前提3:人际关系至关重要。

我们的行动和日程安排揭示我们是否信奉这一点。为了成功,你必须问自己下面几个问题:

- 我在培养长期的业务关系上投入了多少时间和精力?
- 我是否好好思考过,哪些人际关系对我的成功最重要?
- 我是否会主动去构建和维护我的业务关系?

当我的团队与领导者们进行合作时,我们会进行一次非正式调查,目的是看看他们对人际关系的重视程度。我们陈述以下几种情况,请参与者在认为符合他们的情况时举手:

1. 一直在采用一些人际关系管理理念和工具,并且可以教其他人使用这些理念和工具。

2. 知道人际关系管理的重要性,只是似乎没有时间投入必要的精力。

3.考虑过这个问题,但是不知道该如何去落实自己的想法。
4.考虑过培养有效人际关系的重要性。

只有不到1/4的参与者就第一种陈述举了手。显然,绝大多数参与者承认人际关系的重要性,只是没有花时间去实践,或者不知道该怎样去实践。

用"怎么做"去实现成功

每年,各公司都会投入大量时间去确定近期需要"做什么",通常包括确定目标、制订计划、制作各种工作管理图表、列出任务清单等本质上具有策略性的任务。然而,这些公司几乎总是忽略一个问题,那就是,"怎么做"才能实现他们的目标:

- 一起工作时我们会怎么表现。
- 我们会怎样谈论彼此,尤其是当对方不在场时。
- 当遇到分歧时,我们会怎么做;当事情没有达到预期时,我们会如何反应。
- 我们怎样利用自己的个人经验和技能去与他人一起为实现企业目标而共同努力。

"怎么做"的重点是，找出实现每个目标都涉及哪些人。经常审视这个问题，我们会发现可能需要的新技能或新能力，然后确定公司该如何来提供它们，是通过内部解决（构建），还是通过对外招聘和租用（花钱）解决。通过关注这个问题，公司可以发现支持其成长策略所需的新角色或额外人手，进而着手寻找提高和创造效率的机会。

案 例

一家小型保健公司聘请我们担任公司一名高管的辅导师。这位高管名叫斯蒂芬妮，她在很多方面都有突出表现：超额完成销售目标、富有创新性，构建客户群的方法也很有创意。在遇到感兴趣的工作时，她专注而充满干劲，甚至有些痴迷。

这种倾力投入的精神在工作之外也表现得很明显。斯蒂芬妮是一名长跑选手，为了参加横跨欧洲的长跑比赛，她每周都要参加几次训练，每次训练数小时。然而，她的丈夫和孩子们却没有从她那里得到想要或需要的关注，就连公司领导也察觉到了她的这种工作与生活的失衡，并对此表示担心。

对此，我们的方案是，弄清楚"做什么"，即她在工作中取得的成就，并研究"怎么做"，即这些成果是如何实现的。目标是为了平衡工作中的人际关系，以兼顾短期成功与长期成功。

我们首先从斯蒂芬妮对人际关系的认识及投入方式入手。她与每个利害关系人进行了一次谈话，其中既包括工作伙伴，也包括家人。

谈话的内容侧重三点：对他们而言什么最重要、他们如何定义成功，以及怎样才能通过共同努力来实现这种成功。在家庭方面，应对策略是从小事做起：史蒂芬妮开始在晚上一连数小时关掉手机；规划与孩子们一起度过的宝贵时光；可能的情况下，邀请丈夫陪她出差，并多安排一些两人相处的时间。在工作方面，主要是重新制定参与规则：谁负责什么；赋予团队决策权；明确下放项目相关权力；就各目标及重要事件分配责任。

一段时间过后，很明显，事情在走向正确的方向。斯蒂芬妮的工作压力减小了，她的工作表现并未受到影响。事实上，同事们都说她不像以前那样容易发火了。团队合作得到了一定程度的改善，以至于原本一直没办法解决的问题也迎刃而解。在工作以外，她发现自己的长跑成绩有了进步，与家人之间的交集更多了。

回避"怎么做"会导致"我们一直这么做"的心态。虽然也有效率高的职员和短期成功，但从长远角度看，太过关注"做什么"只会带来一般表现。我们会任由角色和责任继续不清不楚，也不去重新设定对成功的期望值。结果就是，重大决策徘徊不定，让已经过期的产品或服务继续占用本该投入在真正重要的事情上的精力。能否打造一种坦率的企业文化，才是真正区别一般团队与高效团队的关键。

最重要的利害关系人——同级同事

在某个时刻，我们需要来自"反对派"的人投上支持的一票。在那之前，培养有效的人际关系很重要。他们意识到，即便彼此政治观点不同，但找到一种相互尊重开展工作的方法实际上会令双方都受益。

我们来听听约翰·多恩这句话："没有人是一座孤岛，在大海里独踞。"看看我们是否已经有了进步。

当自我意识达到一定程度时，你会坚信自己能够完全掌控自己的成功，但这完全不现实。我们都依赖于其他人，而且，我们最好在做任何事情时都记住这一点。每一次互动、对话及每一段人际关系，都是我们助人助己的一次机会。

现在，花上一点时间，想一想你在接下来的几个月中最重要的目标或项目。谁对你实现目标起到关键作用，或者，谁会妨碍你去实现这些目标？我猜想，你很快就能列出一个两位数的清单。不要丢了这份清单，本章结束时，你会用得到。

如果你依赖于别人去取得自己的成功，显然，保证他们的成功才是最明智的做法。如果你的老板很成功，你会不会更成功？如果你的平级同事正在走向成功，会不会对你自己的成功也有一定帮助？

如果你负责管理别人，那么你的工作是不是要帮助他们取得成功，进而实现自己的成功？相反，他们中任何人失败，是不是很有可能也会

第 11 章 识别你的重要人际关系

导致你的失败?

下面是一张简单的二维图表,表明了你所拥有的人际关系。虽然,在这张图中,你位于中心位置,但记住,其中每个人也都是他们自己小小世界中的核心角色。其中的连锁效应是令人难以置信的!

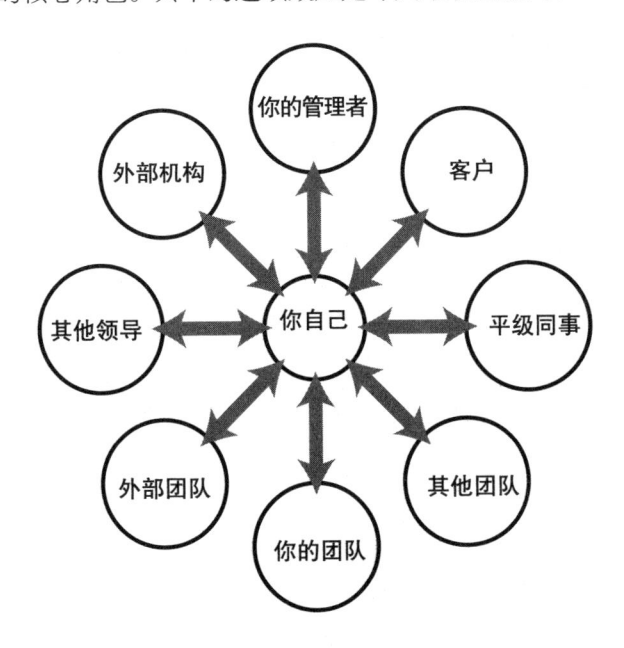

```
        你的管理者
外部机构           客户
    ↖  ↑  ↗
其他领导 ← 你自己 → 平级同事
    ↙  ↓  ↘
外部团队           其他团队
        你的团队
```

在大多数公司中,我们会看到很多用于收集客户反馈、追踪任务时效性及维护质量控制的流程,以确保不忽略外部因素。毫无疑问,这些流程对我们的成功很重要,但是,这种狭隘的视角容易导致我们忽略那些就在身边的人,即我们的平级同事。让我们面对这个事实:谈论绩效考评标准比讨论如何改善工作中的人际关系容易得多!

展示这个关系图是为了讨论一下,谁对你影响最大,以及谁可能会破坏你的成功。更多时候，平级同事比任何其他利益相关群体更容易造成破坏。

平级同事与我们存在竞争关系，不只涉及下一次的升职或加薪的机会，还涉及有限的公司资源（预算、老板的时间，等等）。这种现实可能会导致人们只关注自己，或者只在乎个人成功，而对业务的成功和同事的利益不管不顾。平级同事之间的自私态度一定会造成关系出现裂痕、名誉受损以及信心丧失。

我曾经与一家公司合作。这家公司中有两名高管，其中一人负责新产品开发，而另一人领导运营团队。两人对谁应该获得增加的项目资金争执不下。他们的注意力都集中在"我的团队"上，这是一种你输我赢的方法。

当预算被分配给新产品开发团队后，两位高管的关系进一步恶化。其他人可以看得出来：这种情况影响了两个团队所有人的行为，他们避免一同参加会议及分享信息，他们不得不选择站队。最终，新产品发布并未取得成功，因为运营人员并没有全力保障项目的有效运行。

这种情况下，谁赢了？没有人赢！名誉有了污点，业务受到了影响。不是因为这两人不够精明，而是因为他们没有重视彼此关系所能产生的影响。

如果不相互支持，平级同事（或任何利益相关者）可能是最有可能给我们造成破坏的人。

在识别利害关系人的过程中，我们需要考虑以下几个问题：

- 他们的目标及优先事项是什么？
- 我或者他们的成功或失败会带来什么样的影响？
- 我需要从他们那里得到什么？他们需要从我这里得到什么？
- 他们会为我实现目标提供什么样的支持，或造成什么样的阻力？
- 我对这人是什么感觉？

不可忽视的额外人际关系

在绘制你的人际关系图的时候，不要只选择那些"惯常嫌疑人"，也不要依赖于传统的机构组织图。在识别利害关系人时，把社交网络考虑进去，例如，那些拥有非正式权力的人，那些在本职之外拥有政治凝聚力和影响力的人，以及你如何跨越边界和其他领域的同事合作。

要识别这些额外的人际关系，你一定要想到以下这些人：

- 总是首先被其他领导者想到的人。
- 具有超越其本职的影响力的人。
- 可作为其他人的辅导师及导师的人。
- 通晓公司历史及了解实际操作模式的人。

如果对你来说，识别这种非正式关系网络很困难，那么，从每个问题的反面入手想一想，如不容易被想到的人、所提建议不可靠的人。这可能会为你找到具有真正影响力的人提供一些线索。

虽然"现代"社交网络指的是一些在线工具，但机构内部也有一个立体的社交网络，这个网络对业务的开展有着巨大影响。你必须对它进行深入挖掘，找出传统和非传统型影响者。

在这个社交网络中，谁是领导者？想一想公司最近的一次活动，哪些人的参与能带动其他人（当这些人选择不参加时，参与人数会少得可怜）？这些人就是你要联系的人。

是的，这里我们有些侧重分析，也许用"谋事"这种说法更准确，谋事在人，成功本就全靠有意谋之。

识别出与你有关系的人之后，下一步就是要识别你与利害关系人的联系。当你想要对职场人际关系下一番功夫时，这种系统性识别人际关系的方法会产生巨大的影响。

你最终的人际关系图可能跟下面这幅图很像。图中，线的粗细表明关系的紧密度。有颜色的圆圈中的人是你的利害关系人。如果没有尽职尽责地画过这样一张360度无死角的人际关系图，你很容易会把精力过多地放在那些眼前的利害关系人身上，而忽略隔壁部门中那些真正的关键影响者。

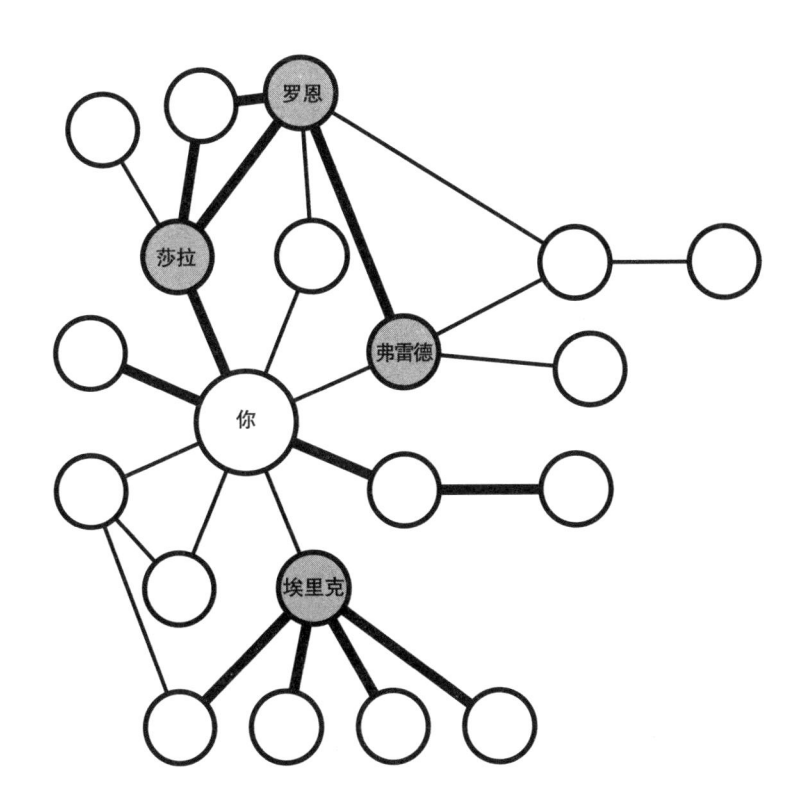

在这个例子中，需要你关心和关注的利害关系人可能是弗雷德和埃里克，罗恩也应该被视为你的利益相关者，因为他与莎拉及弗雷德之间都有联系，你应该着重与他建立关系。

画这张图的目的，不是要你列出认识的每一个人，而是要帮助你正确识别出利害关系人，包括那些明显和不那么明显的利害关系人！关键是要肯花时间。画好图，第二天再审视一遍，然后把它拿给一位值得信赖的人看一看，核查一下你是否漏掉了什么人。

一旦你识别出了那些重要的人际关系，你就可以准备开始下一步了，也就是，诊断那些关系的健康度，包括哪些对你有利，而哪些对你不利。

你是否已经开始看到我们的成功要依赖多少人了？

总结

- 培养有效的人际关系基于以下三个根本前提：
1. 工作是一项团体运动。
2. 你依赖于其他人来实现你的成功。
3. 人际关系很重要。
- 我们都有一些重要的人际关系，或者对上，或者对下，抑或是一些平级关系。
- 与平级同事的关系是最容易被忽略的，但却可能是最具破坏性的。
- 根据优先顺序的调整和角色的变化，定期重新审视工作中的人际关系。
- 为每个目标绘制一张人际关系图，这让你能够进一步厘清你的重要人际关系，以及其对共同成功可能造成的影响。

进阶练习

1. 从列出你的主要目标开始。你想实现什么？每个目标可能产生不同的利益相关者关系图。

2. 下一步，将你自己放在每张图的中间。然后把每一个可能会因你的目标而受影响（或影响你的目标的实现）的人添加到图上。开阔思路，把你的上司、直接下属、高层领导、同事、其他部门的平级同事及同阵营的团队成员都考虑进去。你可以从团体开始，然后逐渐深入到个人。

3. 识别出明显和不那么明显的利害关系人：

a. 考虑那些与你也许相隔两级，但与你的直接利益相关的人。

b. 谁对你的成功影响最大？

c. 谁对他们有影响？

d. 谁会从你的成功中受益或遭受损失？

你赖以成功的前五名利益相关者（不只包括平级同事）是谁？

请在下面列出来。

1. _____
2. _____
3. _____
4. _____
5. _____

在想到这些人时，记住下面一点：

你依赖于这些人来取得自己的成功，保证他们的成功才是最符合你的利益的做法。

欲获得更多实践资源，请访问以下网站：

www.CultivateTheBook.com

第12章 你是自己最重要的同盟者

> 你会一直拥有的最强大的人际关系是你与自己的关系。
>
> ——史蒂夫·马拉波利（Steve Maraboli）
>
> 《生活、真相及自由》（*Life, the Truth, and Being Free*）

让我们来近距离地看一下自己身上的人际关系心态。这是内心的同盟者，为你提供勇气和洞察力，或者有时候，也会打击你的自信心，让你质疑自己的能力。

第 12 章　你是自己最重要的同盟者

先成为自己的同盟

当你想到一些出色的领导者时，浮现在你脑海里的不是他们的缺点，而是他们的优点。并不是因为这些人完美无缺，而是他们的优点及一贯如此的表现让他们的弱点看上去没那么重要了。

每当我让客户及讲习班的参与者列出他们自己的优点，也就是令他们变得出色的东西时，你总能感觉到满屋的惊慌。出于某种原因，夸奖自己变成了一种较为困难的练习。但是，如果你自己都无法列出自己的优点，你又怎能指望别人认可它们？

如果你认为你的职业生涯再前进一步是遥不可及的事，那么，即便机会来了，你可能连争取都不会。如果争取，你可能会得到升职机会，也可能不会。但不管怎样，这都是个学习和成长的好时机。

在近期的一次会议上，一位主题发言人问下面 500 名与会者是否有人会画画，如果会，请举手。结果，几乎没人举手。随后，他接着说，当他在五岁孩子们的课堂上提出相同的问题时，每个人都举起了手。

孩子不会担心能不能画得"足够好"。孩子只想知道你要的是蜡笔画、铅笔画还是油画！但是，作为成年人，我们上来会说："我可以试试，但不会画得很好。"为什么会这样？我们为什么对自己如此严苛？

我们每个人都面对两种视角。一种是"由内向外的视角"，即我们的意图、我们认为自己是什么样子的。另一种是"由外向内的视角"，即我们对其他人的影响、我们的名誉及别人与我们共事时的经历。允许一种视角变得比另一种视角重要时，我们会失去平衡。我们戴上面具来掩藏我们的不确定性，或者对内心说我们并不够好的声音变得麻痹。

考虑一下下列场景，你是否曾经：

• 下班后开车回家，在没有与任何人交谈的情况下，自说自话地让自己陷入了坏心情？
• 因为觉得自己尚未做好准备而决定不申请某个新职位，但后来才发现，招聘主管原本希望你能申请（并且，知道你没申请，他以为你只是没兴趣）？
• 因为害怕可能的后果而放掉一次机会，过后却后悔了？
• 没理会你以为不合理的积极反馈，而因此让你的机会受到了限制？

自我对话在构建自信、冲破障碍及规避风险方面具有强大的作用。尽管如此，不健康的自我对话也会麻痹我们，从而限制我们的视角和选择。

• 我们会担心未来：以后可能发生什么，我们可能陷入什么样的陷阱。
• 我们会担心过去：我们本应该怎么说或怎么做。
• 我们会担心现在：被揪出错误而被当作骗子，错过即将到来的截止期限，别人对我们怎么看。

第 12 章　你是自己最重要的同盟者

有趣的是，当事情并没有按照计划进行下去时，我们讲给自己听的故事大多数都是消极的。我们明白，在事情尚未确定之前先以善待人，但我们却极少用这个态度对待自己。不相信我？

• 试想一下，你已经连续几个月辛苦地忙于某个项目，并且已经准备好了面向管理层的报告。根据安排（已经是第二次），你十分钟后就要做报告，而就在这时，消息传来，管理团队取消了与你的会面。这时，你大脑里想的是什么？

• 一位曾经多次错过截止期限的同事应该在今天工作结束前把一份文件交给你。你的电话响了，来电显示中是这个人的名字。你接起电话时在想什么？

• 你申请了某个晋升职位，但刚刚听说你没能得到这个职位，得到它的是团队中的新人？你这时在想什么？

经验表明，你总是往最坏处想：这些管理者根本就不知道他们在做什么，你的项目并不重要；你的同事会再次令你失望，他是不会按时完成工作的；你还不够好，你的职业生涯停滞不前了。我们紧紧抓住这些消极的想法和情绪，于是距离积极的想法和情绪就更加遥远。即便事情已过去很久，它们依然会影响我们的心态和行为。

如果有，也只有一小部分是积极的设想。例如："管理者对我是有信心的，他们只是有其他需要优先处理的事情。""我的同事打电话来是为了告诉我任务已经提早完成了。""还有其他工作机会，那再适合我不过了，指日可待。"

这是真正悲剧的地方：完全处于消极的状态时，我们会不知不觉地创建一个黯淡无光的行动计划。我们会减缓自己对这个项目的付出；我们会排斥自己的同事；我们会拿出自己的简历，开始寻找别的工作机会。

不要尽信你所以为的一切

当我们允许消极想法影响我们的决策，而不去探索替代性视角时，我们会采取那些限制我们的潜力的行动。我们都有说"是的，但是"的时刻，那透露了我们的思考过程。下面是我们的项目参与者分享的一些最常见的主题。

• 想给予否定答案时却给出了肯定答案——为了避免破坏和谐气氛，我们可能会过度听从别人的判断。别人可能会认为你很讨人喜欢并且好说话，但也可能误以为你是个不好共事的人，觉得你没有主见、不愿意独立行动、喜欢讨好别人及做决定时过度依赖别人。

• 与人攀比——在我的主管辅导实践中，领导者们常常会将自己及自己的成功（或不成功）与别人做比较。这可能有助于设定一个基准，但却鲜少能够精准呈现某种状态。当我们看着邻居家时，我们会看到他们的大房子、豪华汽车以及丰富多彩的假期，但我们通常意识不到，这些同时也意味着巨额的债务。当我们在工作中进行这类比较时，我们可能会觉得自己被轻视了，并觉得自己低人一等。务必对其他人的职业生涯路径、他们在公开演讲或谈判方面的强项等保持一定的好奇心，但要将其视为一种动力来源，问问自己（及其他人）怎样才能有所成长。将自己与别人做比较是在做无用功，除非它能够激励你产生积极的认知及采取积极的行动。

- **习惯与行为**——我们都有过成功，这其中也体现了"幸运"与"杰出表现"之间的关联。但有时候，我们会忽略这样一个事实，即这样的成功是因为一些推动我们前进的习惯，即便我们有某些行为，它也一样会发生。当我们从别人那里接收到与我们的"由外向内的视角"不相配的反馈时，我们更容易置之不理，选择不作为。不要忽视那些与我们的自我形象不相配的反馈，我们需要站在他人的角度看问题，并保持好奇心。你可以自问："为什么有人会这样看我？"这并不意味着你要就你所收到的所有信息采取行动，但你确实需要把这些反馈都听进去，并且承认，有时候，你的不作为可能会限制你的人际关系或职业生涯。

- **门槛设定得太低**——我们似乎总愿意寻求最轻松到达目标的路径，或者说，我们的思路不够宽阔，我们崇尚限制对自己的信心。在我刚开始创立自己的公司时，我的愿景相对较小，仅限于我认为的可能性；我只考虑我的专业知识、机构的规模、我带来的价值及我值得的回报。部分源于我的一些之前已经创业的朋友的影响（与人攀比），而部分源于我自己的倾向。幸好，这种心态很快就被一些看到我的潜能的导师和其他领导者打消了。即便现在，虽然已经有了一些成就，我仍需不断提醒自己，要设定大胆的目标。

- **废话**——我们已经探索了内心的声音所能带来的影响，但一些废话会干扰这种影响。下面是一些我们需要从词典中删除的用语。

○ "这没什么。"想一想你上一次接受称赞的情景，你是如何回应的？当我们不把自己的贡献当回事时，别人可能会认为那是一种谦虚，但有时候，也可能相信你的客套话（觉得它真没什么），从而忽略你所带来的价值。当良好的工作表现受到赞美或认可时，试着以"谢谢"作答（甚至可以就你为什么享受这个项目提供一些个人的看法）。

○ "我做不了。"还记得那个关于五岁孩子和画画的故事吗？孩子们在每件事上都是新手，但这并不妨碍他们尝试和学习。作为成年人，我们不喜欢被视为新手，不喜欢承认我们对某些东西一无所知或不知道该怎么做。然而，每一次升职、每一份新工作、每一个新团队及每一个新项目都会带来变化，让我们成为新手。做我们自己的同盟者，让我们能够承认自己的犹豫和紧张，并在它们存在的情况下采取行动。同盟者会寻求帮助，并且在得到帮助时接受它。

○ "那不是我的工作。"这种心态会把你限定在目前的角色范围内，从而限制成长的机会。如果你想争取更大的角色或更复杂的项目，那么，找机会提高你的技能。

我记得曾经为一位领导者做过辅导，她的一位同事（据她所说是她的一个同盟者）与这位同事的团队遇到了挑战。在听我这位客户抱怨完之后，我问她是否提供了帮助。答案是："没有，那是老板该做的事。"

某种程度上，这位客户是对的，但也不对。做一名同盟者意味着，当别人遭遇混乱时，你应该介入并尽可能地提供支持。如果你想得到一个更高的领导层职位,有时候,即便你没有那个头衔,你也可以站出来,表现得像一位高层领导一样。

○**"我只是一个(填入职务头衔)。"**这是我们能使用的最具破坏性的话之一。当我成为一名银行经理后,我记得出纳员们(其中很多人都是兼职)常常说他们"只是个出纳员"这种话,从而贬低了他们在银行及整个团体中的重要性。在我看来,他们绝对不只是个出纳员。就银行而言,他们的位置很重要。于是,我们共同努力来改变他们的错误认知。没有鼓吹、没有鼓舞士气的谈话或海报标语,我们只是让他们的认知对准自己的真正价值。结果,他们的积极性提高了,错误减少了,客户满意度上升,而银行的整体绩效得到了提高。我希望你能将同样的方法应用到自己身上!

○**"这不公平。"**我记得,在成长的过程中,我经常用这句话来抱怨我哥哥。我们会争论谁应该得到最多的汽水、谁的馅饼块儿更大、该轮到谁去按电梯的按钮,然后,我们会跑到父母面前,抱怨那些"不公平"。我们看到,在工作中,这些情况仍在继续。你的同事得到了加薪的机会,而你没有。她得到了嘉奖,而你没有。"这不公平。"然而,你申请过加薪吗?你有没有走出你的舒适区去迎接新的挑战?你是否分享过你的成绩(或承认别人的成绩)?这句话不会推动你前进,而是会把你困住。

○**"我会试一试。"**正如《星球大战》(Star Wars)中明智的尤达大师所说:"做,或者不做,没有试与不试。"说"我会试一试"这种话暗示着你很可能会失败。

- **"他是个白痴（或其他评判）。"** 你的用词会透露你的情绪，进而推动你的行为。当你做出消极的判断时，就限制了你进行积极反应的可能性。这就是为什么"交流"成为人际关系生态系统™不可分割的一部分的原因。不管是大声说出来的话，还是内心想法，用词很重要。注意可能损害人际关系的破坏性语言，选择那些能够鼓舞和激励你对同事采取积极行动的词语。
- **纠结于过去（或当前）的错误。** 如果你总是想着"我真希望我曾经……"，或者"我本应该……"，再或者"我本来能够……"，那你要背负多少包袱啊！回顾本来可以做到的事，可以作为学习过程中的一个反思环节，那样做会有帮助。但如果仅作为一种负担，那这种后悔会妨碍我们前进。

有时我们大脑中会突然出现一些废话，且通常都是出现在关键时刻：

- 我不够聪明（当看到在你前面发言的同事似乎演讲得很轻松时）。
- 我又错过了最后期限，看来我真是个失败者。
- 我不能自告奋勇地去带头这个新计划，没有人足够尊重我。
- 我对这个问题的创造性解决方案会被驳倒，既然如此，又何必自寻烦恼？

我们的大多数想法都并非事实真相，而我们经常基于某个固守的观念做决定。这些担心遮住了关于当前机会的真相！有些曾经是事实的东西，现在不一定是事实；某些可能会发生的事情，并不意味着一定会发生。做到这一点可能并不容易，但要求很简单：不要尽信你所以为的一切。

改变你的情节设定

改变你的想法，就能改变你的局限性。改变你的思路，就能改变人际关系的质量。从决定做自己的同盟者开始。

正如我前面提到的，我过去是个终日懒散的人，找时间定时去健身房看起来似乎是不可能的事。然而，回顾一下我在学校时的生活，我是一名田径运动员，定期跑 100 米至 1500 米，我甚至还打破过学校的 400 米纪录。

但是，我内心的情节设定得到了很多声音的支持："我太忙了！""我需要多花些时间在家人身上。""我不喜欢早起。"这些本来都是很有说服力的理由，只是，它们轻而易举地就对我本人以及我的健康造成了破坏。我那时并不是自己的同盟者。

从去年开始，我就认识到了这种行为会让我自食恶果，并开始着手改变我的情节设定。现在，我是一个每周锻炼一次的人、一个完成了冲刺三项的人、一个渴望每周能去两次健身房的人（这是我的新极限，目前仍有各种借口在暗涛汹涌）。

我记得有一次，繁忙的一天过后，我回到家里，看到我的丈夫，我问他："我真是一个成功的女商人吗？"我不确定是什么触发了那一刻的自我怀疑，但那种感觉很明显。即便是在几个月后，在我写作这本书时，我的胃仍有一种紧缩感。我的丈夫，一个从始至终的实用主义者，温和地回答道："如果这不是我听过的最可笑的问题，我会大笑的！"可能这并不是我那一刻想听到的答案，但它确实是我需要听到的答案。

我近来偶然发现了一些我目前称之为"废话过山车"的东西，就像这样：

1. 这太可怕了！
2. 这比我预料得难多了。
3. 这太糟糕了！
4. 我真差劲。
5. 这勉强可以。
6. 这太棒了。

我意识到它们简明扼要地归纳了我每天、每小时、每分钟的思考过程（这也是我为什么每天都提及这一点的原因）。很可怕吗？从第一句到第四句可能只需十亿分之一秒，然而，如果没有同盟者的帮助，从第四句到第六句可能要花相当长的时间。

令人脆弱无力的自我怀疑总能悄悄潜入我们的生活，能够将限制性自我对话翻译成更积极的东西，能够向同盟者伸出手去寻找一只带有同理心的耳朵或者一种鞭策，这些都很重要。

哪些品质为你带来了成功？如果你近期接受过360度反馈评价，注意那些显示了你的才能和优势的评论。认真思考它们，为它们感到骄傲。当你有一天过得很糟糕时（我们都会有这样的日子），再回到这些精神支柱上，提醒我们自己，那些脆弱、未达到预期的时刻只是那些"时刻"，它们终究会过去。

学习识别不同的声音

你可以选择：全神贯注地迎接新挑战，接受来自同盟者的声音（或者从挫折中吸取教训）。或者相反，在竞争者及敌对者的质疑声中退缩。学会识别不同的声音，调低废话的音量，并练习做自己的同盟者。

定期征询反馈——反馈旨在帮助你克服那些"尽管"行为，并减少你的盲点。大多数肯花时间给你反馈的人都是想要帮助你进步，而不是打击你，尽管那一刻我们可能会觉得自己就像回到学校接受打分一样。

反馈可能会被我们的爬行动物大脑当作一种威胁，从而引发防御反应，或者因为我们对给予反馈的人不够尊重而导致信息被忽略。由于你想要给你的同盟者（这里指你自己）最好的支持，请培养你的自我情绪意识，以便你能够听到别人的反馈。如有必要，请对方阐明问题。如果你不同意对方的意见，感谢对方提供的观点，永远都别告诉她如何不对。（我开玩笑的，一点点。）

说"不"——作为你自己的同盟者，有时候，你需要拒绝一些机会，并对某些要求说"不"。对于那些喜欢帮助别人的人来说，这可能会造成压力，让他们觉得别人很失望。练习如何在提供替代性选择的同时对别人说"不"。

"我现在没办法提供帮助，因为我必须把注意力集中在x、y及z等几件事上。但是，我下周有时间。"

"我这个月有其他承诺的事要做，但也许下周我们可以见个面，让我多了解一下这个项目。"

走你自己的路——当涉及工作、职业生涯及家庭时，做自己的选择。不要为了不辜负别人的期望而把自己的需求和心愿放到最后，这只会导致挫败感和失望。你（和我）已经知道这一点，但鉴于某种原因，我们都需要提醒自己。此刻，你可以尝试：做你自己。

小步伐实现大胆目标——如果让你辅导同一团队中的同盟者，你会想要给他每一个成功的机会，是不是？那么，给自己一次优待，把最好的成功机会给自己。如果认为一步到位是不可能的，不要停止尝试。把它分解为若干有意义的里程碑，让你能够朝着你向往的方向前进。随着你的前进，你的信心会更足，你会变得更明智。

那么，你是自己的同盟者吗？如果你都不相信自己值得拥有哪一级别的人际关系，你又怎能期待别人成为你的同盟？下面有三个视角供你选择：

- 同盟者视角，这种视角有助于洞察各种优势和分歧。
- 支持者视角，这种视角会凸显优势，而忽视弱点，即那些尽管存在但不会妨碍你成功的东西。

- 竞争者视角，这种视角仅着重于分歧，而会忽略你的优势。

最后两种选择会令人筋疲力尽并失望，不只是对你，对那些认识你的人也一样。你是否有过这样的经历：你共事的某位同事显然很有才华，但却并不总是把它们表现出来？这令人不解和沮丧。当你贬低自己的贡献时，在别人眼里，你就是这样的。

对自己持有同盟者心态会改变你的思维模式，从"我不能，因为……"到一种好奇的心态，即"我怎样才能……"。侧重于前一种心态容易触发局限性观念。侧重于好奇心及问问题（大声问同盟者，或脑海中自问）则会激发新皮层，也就是我们大脑中的理性部分，让我们能够进行复杂性思考、形成理性观点并找到理性的解决方案（这一点最重要），从而推动我们前进。当你不受限制时，选择也没有局限性。

当你真正成为自己的同盟者时，当你认识到做自己很好时，你会发现，你更容易成为别人的同盟者，更容易带着同情心、尊重而非评判去与共事者并肩工作。

总结

- 势必要成为自己的同盟者。
- 消极地自说自话具有与来自他人的批评一样的打击作用。
- 形成重构思维框架的习惯，把"我不能，因为……"变成"我怎样才能……"。

• 当想到镜子中的这位同盟者时，我们脑海里要记住下面这四个问题。你只需要想想自己所有被打破的承诺：我们没有进行下去的饮食或锻炼计划，或者我们没有申请的晋升职位。

1. 我能指望你吗？
2. 我能依赖你吗？
3. 我在乎你吗？
4. 我信任你吗？

进阶练习

• 你觉得自己的职业生涯中最值得骄傲的两大成就是什么？

• 你未来有何目标及梦想？

○ 实现上述目标及梦想的第一步是什么？

○ 谁能帮助你完成这第一步？

• 作为自己的同盟者，你能做到什么程度？

○ 在承受压力的状态下，你的态度和行为会发生什么变化？你会放弃吗，还是坚持下去？

○ 你是否会为一些超出你控制范围的事情向别人道歉？

• 写下三句能够突出你的优势的话，关于你所在公司、你的家庭及你所在群体贡献了什么价值？（不是你充当的角色，而是你贡献的价值。）

要肯定自己的价值。

第13章 工作中的各代人

现在的孩子喜欢奢侈品。他们脾气不好,鄙视权威。他们对大人很没礼貌,喜欢光说不练。他们见到大人们进来也不会起身,与父母顶嘴。他们在同伴面前喋喋不休,吃饭狼吞虎咽,还恐吓老师。

我常常引用这段话来开始关于工作中的各代人的课程。我让参与者猜猜这段话写于何时。然而,始终没有人猜得出它的历史到底有多悠久。(这段话源自苏格拉底,而他生活在公元前469至公元前399年。)

我得诚实一点,这个主题会让我产生挫败感。人们喜欢恪守模式化印象,就像对待性别差异或肢体语言一样。(有时候,你双臂交叉是因为房间里冷,而不是因为你处于一种防卫状态。)很多关于"如今的年轻人"的抱怨都是以不了解为基础的,而这就是为什么有些年轻人会控诉"没人理解我"的原因。

不同的价值观、不同的想法、不同的沟通方式及不同年代的人，这些因素一直存在于工作场所中。那么，为什么这个问题现在变得更严重了？

让我们把话题从出生日期转移到"工作日期"上来，主要涉及一个人加入队伍的时间和地点。如果我们把注意力从出生日期上移开，转而看一看他们加入时队伍所崇尚的文化，这可能有助于破除这种认知上的障碍。即使那样，我们必须抵制住想要对某个人按年代"归档"的诱惑，否则，我们会错过倾听和成长的机会。

因为我经常与很多同类问题打交道，并且我自己正处于一个介乎"老"与"年轻"之间的状态，当我说我们都需要放下关于年代的陈词滥调，去培养更深层次的理解时，请相信我：不管你正处于哪个年龄段，我们都可以成长。

工作文化差异的影响

劳动力大军中同时包含具有明显区别的四代人，这在历史上实属第一次。这些人都有自己的视角、风格和期望值。据预测，到2020年，将有五代人一起工作。鉴于这种多样化的劳动力队伍可能会对你的成功产生重要影响，我们需要更深入地看一看这种几代人共同工作所带来的结果。

这里有个例子，可以说明工作文化的差异对一家人的影响：我的祖父于20世纪30年代开始工作，那时候，人们的标准做法是，一个人在其整个职业生涯中守住一家公司和一个行业。我父亲（于20世纪60年代进入职场）同样希望能够坚守一个行业，但他知道，工作地点、专业领域及责任都是可以改变的。

对比我的职业生涯，辗转4个不同行业，足迹遍及4个大洲的20个国家。我不仅希望改变，而且期待各种可能性。每一次，心态都是以工作场所的文化为基础的，而不是以工作者的年龄为基础的。好吧，我来分享一下：我于20世纪80年代进入职场。至于领域，我前面提到过。

还有一些差异是基于行业的，尽管界限模糊。在我的早期职业生涯中，银行业务是在高尔夫球场上完成的。办公室被一道道墙隔离，人际关系方面的问题根本不在考虑范围之内。将其与谷歌的家庭式生态环境相比，你能想象得出银行里设置一间游戏室的样子吗？

理解彼此，包括我们成长的这个时代，可能是实现职场目标和培养有效人际关系的一个重要元素。

一定程度上，工作方式及工作地点随时代而变化。回想你自己的经验，我猜，现在适合你的工作方式肯定不同于十年前。我的祖父生活在一个以制造业为主并采用层级式工作管理模式的时代。我的父亲和我看到了经济与工作从制造业向服务业的转移，而这需要不同的工作方式及不同的结构。

当我展望我的儿子未来要进入的工作环境时，那时已经到了知识经济时代。就个人经验而言，年轻人并非"懒虫"。大多数人拥有的知识量以及他们获取知识的方法都不同于前几代人。我在我的孩子身上看到了这一点，就在我想要测试一下他们对时事的了解程度，或者用突击检查刁难他们时。如果他们不知道答案，只要点点鼠标，互联网就把问题解决了。如今已不只是你当前知道什么的问题（我的祖父所依赖的东西），你还要知道如何去搜索答案。

在进入下一节之前，还有最后一个想法要分享：记住，不管你是孩子的什么人，爸妈也好，姑姑、叔叔或其他家人也好，你都参与了抚养"如今的年轻人"的过程。那么，如果他们达不到你的期望值，该怪谁？而对于"如今的年轻人"，我想要提醒你一句，有一天，你会变成那个"遭受孩子无礼对待的大人"。小心你想要的！

涉及职场时，一个根本事实一直不曾变过，并且永远都不会变：我们都希望别人能认真倾听我们的话，并尊重我们。

从传统一代到 Y 代

一代指什么？这个词指一定年数，就人类而言，大约为 30 年，被视为从父母出生至他们的子女出生的一个平均周期。它的典型应用就是用来描述父母与孩子之间的代沟，或因成长期人生经历相似而被联系在一起的一群人。这个词还可以指一群个体，他们中的大部分人年龄相近，拥有类似的想法、问题和态度。

在职场中，每个个体都有自己的"一代人的个性"：因时代新闻、政治、经济、地域、流行文化及周围事件而形成的态度、价值观、工作方式。

当今区分各代人最常用的标签是：传统一代、婴儿潮一代、X 一代和千禧一代/Y 一代。传统一代指 1922 年至 1945 年出生的人。婴儿潮一代的跨度为 1946 年至 1964 年。X 一代包括那些于 1965 年至 1980 年之间出生的人，而 Y 一代（或者称千禧一代）指 1981 年至 2000 年出生的人。根据 2011 年 5 月的美国劳动力调查，在 1.53 亿调查对象中，上述四代人在劳动力队伍中各自所占比例如下：

传统一代：	4.7%	700 万
婴儿潮一代：	38.6%	5900 万
X 一代	32.4%	4900 万
Y 一代/千禧一代	24.7%	3800 万

还有一个很重要的群体，他们被称为"跨代人"。这些人出生在两代之间的一个重叠期，通常为三到五年。"跨代人"可能不只归属于一代人，因为他们出生的时间介于一定年限范围的初期或末期前后。有些人可归属于两代人，并拥有两代人的特征。例如，出生于 1940 年至 1951 年之间的某个人可能会认为自己既是传统一代，又是婴儿潮一代。因此，他们可能会有坚定的职业操守，但又渴望挑战现状。"跨代人"通常会担当起两代人之间的"翻译"或"调停人"的角色，因为他们具有

理解更宽泛的代际观点的能力。

我曾经与一位客户参加过一次关于工作中的代际问题的讲习班。我们都很好奇,想知道引导师会怎么说。不幸的是,这次讲习班进行得并不顺利。引导师似乎没有意识到,我与其他四位国际参与者的经历并不同于那些在美国长大的人。我的美国同事被一些泛化的概括弄得很难堪。在我看来,那次讲习班只是进一步证实,恪守模式化印象是一种没有赢家的局面。当涉及与某个人共事时,不管其年龄、年代或国籍如何,即便是从出生日期转移到工作日期上来的方法,仍会遗漏很多细微的差别。

花时间去了解不同的观点,将有助于增强人际关系的发展。于是,就有了这条放弃模式化印象的宣言:真正了解一个人并与之建立人际关系的方法是,以个体对个体的方式直接与之沟通。务必将模式化印象用作构建关系的基础,但不要把它看得过重,将其作为有待验证的假定,而不是普遍适用的绝对真理。希望下面这些信息能够激发一些启发性对话。

传统一代／二战一代在一个艰难的经济环境中长大。他们有时也被称为"忠诚的一代"。他们是在严格的家庭与学校环境中接受的教育。他们重视工作保障,并对权威持有深深的敬意。因为经历过战时的定量配给和成长期的苦日子,他们以勤俭和勤奋著称。他们通常是可靠而忠诚的员工,对工作和履行义务的信条塑造了他们的职业生涯。相比使用信用卡,他们更信任现金支付。他们与他们的下一代(即婴儿潮一代)有很大差异。

第 13 章　工作中的各代人

婴儿潮一代在经济和教育的发展期中长大，有时候也被称为"被爱的一代"。他们按照传统体制入学，并按照严格的教学计划接受教育。当他们成长为青年人之后，他们面临着社会大动荡和巨变。随着大量女性步入职场，他们甩掉了传统性别角色的分类体系。这一代人工作十分努力，收入颇丰。他们崇尚"有牺牲才有成功"的价值观。这让他们忠实于员工和同事。

他们不同于上一代，他们的财务理念是"先买后付"。随着消费者主义和双收入家庭的兴起，离婚率上升。

X 一代主要包括婴儿潮一代的子女，绰号为"迷惘的一代"。他们是挂钥匙的儿童，亲眼看着父母打造了一个崭新的工作环境。他们被认为继承了婴儿潮一代的"社会碎片"，他们有着自私并且通常离异的父母，在单亲和单收入的家庭中长大，面对不断增长的国债和倒闭的企业，他们的家庭很难支付得起他们的开销。

于是，他们在理财方面较为保守，因为已经从他们父母的错误中得到了教训。很多人眼看着醉心于工作的父母最终落得从忠心耿耿效力的职位上下岗的下场。X 一代的人已经知道，世界上根本就没有工作保障这种东西。他们是最早伴随着计算机技术长大的一代。比起工作的时间长短，他们更在意生产力。

千禧一代（又称为 Y 一代）是教育程度最高、最精通技术的一代。因此，他们已经被贴上了"联动的一代"的标签。他们在一个充满计算机、互联网和手机的世界中长大，置身于技术的壕沟中。他们会同时处理多项任务，并且容易厌倦。他们比任何一代都更清楚该如何利用新技术。千禧一代见证了一系列史无前例的事件，如俄克拉荷马城爆炸案、科伦拜校园枪击事件及 2001 年的"911"事件。经历过这样的恐惧，缺乏安全感的他们重视工作满意度、保障及晋升机会胜过经济上的报酬。他们并不像上一代那样关心存款。他们注重平衡的生活方式。他们的座右铭可能是："一边赚钱，一边花钱。"

人们可能对各代会形成一些模式化印象，比如：

传统一代：通常更愿意依靠自己的力量解决问题或寻求进步。对于这种行为，其他人可能会以为："他／她不是一个具有团队精神的人。"

婴儿潮一代：侧重做一个有团队精神的人，并喜欢会议。对此，其他人可能会说："是的，让我们再开一个会吧，一定还要来个集体拥抱！"

X 一代的人：倾向于更愤世嫉俗、更多怀疑且不那么理想主义。在失望中，其他人可能会误解他们对真实性的追求，并做出这类评价："他／她质疑并挑战一切！"

千禧一代：围绕互联网和手机进行交流。对此，其他人可能会以为："他／她并不知道如何用语言交流。"

各代人如何工作

再重申一次，下列参考旨在增加你的了解，并让你为进行体贴周到的互动做好更充分的准备，而不是要把人们泛化，或给大家贴上标签。我们是在寻找令关系更上一层楼时的"啊哈"（顿悟）时刻。

对于传统一代，关键人际关系往往期望值明确。传统一代不喜欢匆匆忙忙，尽可能与给他们充足的时间去完成任务的人合作。他们注重备忘录及一对一互动式的交流。由于他们倾向于在一家公司待上很多年，所以，与看重他们专业技术和对公司历史的了解的人，他们能够更好地合作。传统一代还喜欢被委以指导他人的任务。

传统一代相信一个人可以通过努力和坚持不懈得到晋升的机会，因此，他们并不相信捷径，即便是对待人际关系的培养也是一样。对这一代人来说，牢固的人际关系需要时间，需要经过若干年慢慢培养起来。能够让他们的经验和专业技术得到赏识的人际关系才是有效的人际关系。他们寻求以礼节为基础的人际关系，在这样的关系中，尊重和信誉会得到重视及体现。

对于婴儿潮一代，最好的工作关系是那些个人与工作关系掺杂在一起的人际关系，他们喜欢在工作场所中有一定"人脉"。此外，相比电子信息，他们更喜欢面对面交流。这一代人追求团队工作方式，并能够与征询他们意见的人实现最好的合作。

另外，婴儿潮一代思想开明，并喜欢别人把他们视为最与时俱进的人。他们不断学习，并不断追求那些会促使他们想要了解更多及付出最大努力的人际关系。对于这一代的人来说，与那些能够作为其导师的人建立的人际关系尤为可贵。他们会寻找机会与其他人合作，尤其是以协作的方式。他们会找机会进行面对面交流，并强化他们的人际关系。

X一代的同事喜欢那些与他们一样追求快乐的人。他们更喜欢灵活的工作时间、随意的工作环境及工作场所中的自由感。这一代人倾向于避免没用的职场政治，所以他们会寻求不涉及这些的工作关系。他们不怕问问题，即便对方是那些位高权重的人。他们把能够与那些鼓励提问题的人一起工作看得很重要。与传统一代不同，他们不太关心级别问题。

这一代人希望能够维持好工作与家庭之间的平衡，并且会寻求能够支持这些目标的人际关系。他们这一代人尤其想要的，是那些彼此可以随时直接交流、对方可以对他们提出开放式问题的人际关系。他们具有企业家精神，偏爱非正式会议及以随意的方式发展职场人际关系。

千禧一代能够与其他各种年代的人轻松共事，因为他们拥有传统一代的乐观进取的态度、婴儿潮一代的团队精神及X一代人的技术悟性。当接受年长且经验丰富的专业人士的指导时，他们的回应恰到好处，所以他们与传统一代之间保持一种特殊的亲密关系。

这一代人希望能够做有意义的工作，他们想要与拥有同样的愿望、有创造力且聪明的人打好关系。这一代人喜欢通过社交网络发展人际关系，例如，利用脸书（Facebook）和推特（Twitter）。他们会对官僚主义和一些耽误工作进度的不必要的规则感到失望。

如何跟各代人打交道

不要过度泛化（请不要让我再写下一则放弃宣言），要与不同年代的人建立同盟关系，下面针对各代人的方法应该被记住：

当与传统一代的人打交道时：

• 言辞和语调要充满尊敬，语法要准确、表达清晰，并且不要使用俚语或不敬的语言。
• 语言应该正式一点，信息应该与公司历史及长期目标有关。
• 由于传统一代的人重视长时间建立起的人际关系，因此，多安排面对面交流，而不是只使用电子邮件或短信等交流方式。

当与婴儿潮一代的人打交道时：

• 确保你们的交谈更像亲人之间的交谈，可以一边喝咖啡一边聊，或一边吃午饭一边聊。婴儿潮一代的人倾向于把人际关系和业务结果联系起来。
• 询问共同的兴趣。（例如："你儿子在大学里学什么专业？"）
• 通过了解对方的意见，让对话变得具有可参与性，并把得到的信息与团队或个人的愿景、使命及价值观联系起来。

当与 X 一代的人打交道时：

• 不要浪费这个人的时间。

• 直截了当。

• 避免官腔。

• 发邮件或通过语音留言阐明你想要什么、能够为这个 X 一代的人带来什么，以及你需要它到位或实现的时间。

当与千禧一代的人打交道时：

• 要积极乐观。

• 利用技术，敢于用社交媒体建立最初的联系。

• 将信息与此人的个人目标或整个团队正在为之努力的目标绑定。

• 不要一副居高临下的样子。

• 避免挖苦和讽刺。

不管一个人属于哪一代，其个性和个人工作风格总会彰显出个人特点。我常常把这种代际差别比作风中的稻草。你看不见风，但你会看到它是怎样把稻草吹弯的，稻草就是线索。同样，代际信息也是线索，它们让你能够从别人的本来面貌出发，把他们当作一个个独特的人对待，从而以能够带来更多收获的方式与每个人打交道。

结语 没有人是一座孤岛

"没有人是孤岛,在大海里独踞,每个人都像一块小小的泥土,连接成整个大陆。"

——约翰·多恩(John Donne)

...

保持冷静

继续前行

...

我的人生旅程漫长而崎岖,一路跌跌撞撞。

最初,我想成为一名工程师,投身于物理、应用数学及经济学的研究。但是，高中时一堂名为"银行如何创造货币"（How Banks Create Money）的经济课改变了我的计划。我转变了人生方向，后来进入了英国一家最大的银行，在这一行一干就是14年。（顺便说一句，银行业完全不像那堂经济课所讲的那样。）

我在这一行干得风生水起，醉心于那些数字和比率的可预测性、分析复杂业务的增长战略、提供建议以及批准百万英镑的贷款申请。（其中一些申请资料的重量貌似也有一百磅了。）

那时候，人们不会太多地考虑在行业内构建人际关系的问题。当时，我们所处的是一个传统的、以规则为基础的指挥控制型工作环境。但这种状况并没有一直持续下去。英国银行业在20世纪90年代早期发生了根本性的转型。管制的放松加剧了竞争，客户要求个性化服务，这是一种以人际关系为基础的业务模式。

注重员工间以及员工与客户间的关系能够让我们在竞争中脱颖而出。而事实也的确如此。银行业的组织文化以及我们对待客户的方法都受到了影响。这次变革之后，我选择了离开相对安稳的银行业。

我的下一站是变化无常的电信业。就在互联网泡沫期间，我加入了一家美国公司，转眼之间，我面对的是一种全球化商务环境。牵涉时间、距离及民族文化等因素，工作关系就变得更加复杂了。在这种快节奏的创业环境中，人际关系的价值极高。但那并不一定意味着这种商业文化就是健康的。

这次工作机会最终把我和我的家人带到了美国，在这里，我们要建立新的个人及职场人际关系，在这个新国度里，一切重新开始。

结束　没有人是一座孤岛

当我回顾起我的职业生涯时，有很多我想要再度合作的同事。他们鞭策我去超越期待——不只是别人的期待，还有我对自己的期待。他们给了我"严厉的爱"，在我需要的时候，他们给我反馈；成功的时刻，他们站在我身边为我喝彩。他们陪伴着我，帮助我。而他们也知道，当他们需要时，我也会随叫随到。

这些人都是我的"伙伴"。

另一方面，也有很多影响不好的同事，他们是反面例子，比如那些没有团队意识的人，以及你不得不提防的人。他们离开后，大家会集体松一口气。这些人都是"敌手"。谢天谢地，与我长期处于敌对关系的人还算屈指可数。

1

如果说世界很小，那么商业世界只能算是一个微观世界了。这一事实应该能给予你鼓励，但也可能会吓到你。你的成就会被传播开来，但远远赶不上坏消息的步伐。俗话说："人未到，名先扬。"

我们来看看积极的一面，这个故事能说明地球有多小。我那时正待在安克雷奇机场，刚刚在阿拉斯加北坡油田参加完一系列领导能力项目的推广活动。（那真是一个漫长的旅程。）那是我第一次去阿拉斯加，我在安克雷奇没有认识的人，更不用说凌晨四点钟坐在机场的任何

231

人了。航站楼里的电视屏幕上正在播放皇家婚礼的场面,我旁边的一位女士开始找我说话。我带有明显的口音,她希望我能讲讲我在英国的生活。时间还早,我想在登机前看到婚礼上的礼服,于是,我们聊了起来。最终,我们的话题转向了当下。我说我住在科罗拉多。她说她在科罗拉多有认识的人……结果是,我认识她的朋友。于是,我们很快便从不相干的陌生人变成了有共同朋友的熟人。

多年来,在满世界飞的旅程中,我经历过无数次巧遇,这只是其中一件。这些巧遇非常好地说明了——我们往往与梦想只差一段对话的距离,或者至少可以说,一段对话能够让我们朝着梦想迈近一步。如果我们肯花些时间去与周围的人交谈,就可以培养积极并持久的人际关系。

2

领导者和管理者终归要花大量的时间去解决这样或那样的人际冲突。最好的情况是,我们所遇到的人都能共同努力,而不是钩心斗角,这样的人际关系能够让我们对未来满怀憧憬。

即使人们开始关注"从基层到管理层"的人际关系,可面对基层人际关系的现状,他们也感到无从下手——因为他们不知道怎么培养关系!大多数领导策略注重的是出色的团队及敬业的员工所具备的素质,但不会花时间去改善工作关系的细节问题(而这正是一个组织走向卓越的原因）。他们没有洞察人际关系健康与否的眼光。

我也曾遇到一些公司，他们承认职场人际关系很重要。但是，人际关系对他们而言似乎就是一组线性经验——"给我买花，我就会爱上你"的模式。

工作中的人际关系并不像线性模型那样规整。人际关系是自然流动的，人来人往，关系变化不断。我曾经很不理解，为什么有些关系经受住了时间和冲突的考验，而有些关系却闹得玉石俱焚，或者仅能以失败告终。

世界上没有一种能够保证成功的万能药。虽然道理很简单，但策略的实施需要遵守规矩，以及坚持正确的心态。春风得意的时候，我们可以表现得很好，但当内心不笃定或遭遇挫折的时候，我们就有可能把规则抛到脑后，做出荒唐的行为。

3

我刚参加工作的时候，就遇到过一种不健康的工作环境：老板管得太细，还总是把我的业绩据为己有，另外还有一位对我的晋升愤愤不平的同事。虽然那时我也取得了不少重大的成果，但回想起来，那段时间我没有成就感。很多次，我差一点就辞职了。

友善的同事会问："你是怎么忍受的？他们应该做点什么！"

我们知道有些事情是不对的，但无论是这里神神秘秘提到的"他们"，还是我自己，都没有处理这种情况的视角、工具及方法。于是，我选择了一种"英式"做法，即咬紧牙关做自己的事。

我发扬了二战时期"保持冷静，继续前进"的精神。换言之，我什么都没做，什么都没说，希望坚持就是胜利。

确实胜利了，但是我也付出了代价。我饱受压力，战战兢兢，总是担心会出问题，多浪费精力啊！

这段经历告诉我，职场上的人际关系事关我们的成功和幸福，它决定我们的工作是否愉快。

是的，工作的快乐和满足很重要！对于大多数人来说，工作时间远远超过与家人、朋友度过的时间。那么，为什么不去切实享受人生中的这么一大段时间呢？

以尊重为前提的工作并不是一场关乎胜败的权力斗争，也不是要我们去"温和"地商量怎样共事。培养良好的人际关系，人人都能获益，尤其是我们自己。

4

快乐不是评判事业成功的唯一标准，在工作中，财力以及竞争优势能带来积极的人际关系——还有对现实中不良人际关系的责任。

结束　没有人是一座孤岛

就个人而言，我的自信曾经在消极的环境中摇摇欲坠。我的注意力从发挥优势沦落到害怕失败。在我规避风险和失误的同时，我的创造力也被消磨了。我变得越来越被动，每一小步都要申请批准，不敢冲破规则去创新。

对公司来说，因为我的老板坚持过问每一个细节，造成了信息传递延迟、决策滞后。团队的其他人都不愿意与我的老板共事，生怕被她盯上。员工的梦想破灭，参与度下降，很多人（尤其是一些效率高的员工）选择辞职。

在银行工作的时候，我意识到，光有详尽的商业计划、创新产品或者领先的服务是不够的。要想成功，还要关注业务的执行者，确保员工在共同努力去完成商业计划。很多公司忽视了这一重要因素，导致业务陷入混乱。

商业计划意义不大。你可以拥有最闪耀的新产品，但如果没有人去齐心协力地执行计划，你的业务不会得到长足的发展。这就是我做这件事情的原因，也就是我写下这本书的原因。

现实情况是，任何人际关系——职场、社交或者家庭——都是双方共同作用的结果。就像老话说的"一个巴掌拍不响"，对此我深有体会。需要什么，我应该去争取，这方面我没向老板表达清楚，这对她不公平，对我自己也欠一个交代。不管多难，我都应该找机会，用合适的措辞去跟她解释，我们的工作关系是怎样影响我、影响我对她的爱戴和我对公司的热情。

我有幸与世界范围内包括新创企业及财富百强企业在内的多家机构合作，共同推进过数百个领导能力项目、研习会及主管培训项目（来自4大洲20个国家的3000多名领导者曾参与其中）。

我们可以建立起一个由积极的人际关系组成的生态系统，让它来改变我们的职业生涯，同时也改变周围人的职业生涯。我保证，这里并非只有"善待别人"的说教。我们会深入探索人际科学，并剖析建立人际联系的过程，然后再挖掘一些非常实用的应用方法。

改变你的商务人际关系及职场文化需要个人的付出。但是，随着你的成长，你每天都会收获奖励！

附录

人际关系健康度检查

经常通过这些问题对人际关系健康度进行"动向检查"。
- 自从我们上次交谈之后,你感觉怎么样?
- 哪些方面还不错?
- 什么阻碍了我们的成功?
- 我最近做过什么让你吃惊的事情吗?
- 我怎么让你失望了?
- 怎么做有助于确保你的/我们的成功?

结盟及其策略

- 明白参与规则
  - 我们什么时候可以合作，以及如何合作？
  - 对你而言，当前最重要的目标和优先事项是什么？这些与我的目标和优先事项有何一致（或不一致）之处？
  - 什么让你夜不能寐？
  - 你希望我参与或不干预到什么程度？

- 理解工作风格：可以考虑使用某种心理测试，如 MBTI® 或 DISC，理解你们之间的相似点和不同点。
  - 你在工作以外如何消磨时间？
  - 哪些问题对你来说比较敏感？我怎么才能知道你有压力或挫败感？
  - 你更喜欢什么样的交流方式，电话、邮件，还是面对面？
  - 我们应该多久碰一次面，目的是为了什么？
  - 如果我急需你的关注，我应该怎么说或怎么做？
  - 我怎样才能以最佳的方式把坏消息或令人难以接受的信息传递给你，以便你能够听得进去，并与我一起解决问题？
  - 你对你的交流方式有何评价？是直接的、基于事实的、合乎逻辑的交流，还是更着重于大局的、有选择的或随心所欲的交流？
  - 你是更喜欢自己把事情想清楚，还是更喜欢把事情拿出来讨论？
  - 时至今日，你需要克服的最大困难是什么？

○ 作为一名领导者／同事／团队成员，你能给我带来什么？

○ 你在什么情况下会全力以赴？

○ 别人常用来形容你的三个形容词是什么？

○ 你会用哪三个形容词来形容你自己？

- 就决定达成一致的程度及方法

○ 我们各自有什么决定？

○ 以后怎么做决定？

○ 需要其他什么人介入？什么阶段需要他们介入？

○ 我们将使用什么流程来解决问题？

○ 我们依赖于从别人那里获得什么样的意见？

○ 谁会受益于我们创造的成果／作品？他们对我们的成果／作品有着什么样的期待？

○ 谁掌握着我们做决定需要获知的信息？

○ 我们的角色和责任开始于何处又止步于哪里？

○ 我们什么时候应该合作？怎样合作？

○ 你喜欢你的工作／角色／机构的哪个部分？

○ 什么让你走到这一步？

○ 什么会让你离开？

○ 你遇到了什么样的路障？

调整及其策略

- 包袱问题
  ○ 我是怎么让人失望的？
  ○ 我是怎么违背我们的参与规则的？
  ○ 什么令你对我的做事风格感到恼火？
  ○ 有什么是我们之前没有讨论过但我需要知道的吗？
  ○ 什么妨碍了我的成功？

- 道歉
  ○ 我需要为什么道歉？

- 原谅
  ○ 我需要原谅什么？

- 指出明明存在却避而不谈的问题
  ○ 我们应该讨论但迟迟未能付出行动的问题是什么？
  ○ 哪些问题是因为我们一直没有讨论才一直存在的？
  ○ 什么阻止了我们提起这些话题？
  ○ 从个人或职业角度看，这有何影响？
  ○ 我们在为我们的沉默付出什么样的代价？
  ○ 哪些组织层面上的障碍令我们难以有效地共事？
  ○ 哪些人际互动令我们难以有效地共事？
  ○ 我能通过改变什么而使生活变得更轻松？

○ 作为一名领导者/同事/团队成员，你能给我带来什么？

○ 你在什么情况下会全力以赴？

○ 别人常用来形容你的三个形容词是什么？

○ 你会用哪三个形容词来形容你自己？

• 就决定达成一致的程度及方法

○ 我们各自有什么决定？

○ 以后怎么做决定？

○ 需要其他什么人介入？什么阶段需要他们介入？

○ 我们将使用什么流程来解决问题？

○ 我们依赖于从别人那里获得什么样的意见？

○ 谁会受益于我们创造的成果/作品？他们对我们的成果/作品有着什么样的期待？

○ 谁掌握着我们做决定需要获知的信息？

○ 我们的角色和责任开始于何处又止步于哪里？

○ 我们什么时候应该合作？怎样合作？

○ 你喜欢你的工作/角色/机构的哪个部分？

○ 什么让你走到这一步？

○ 什么会让你离开？

○ 你遇到了什么样的路障？

调整及其策略

- 包袱问题
  - 我是怎么让人失望的？
  - 我是怎么违背我们的参与规则的？
  - 什么令你对我的做事风格感到恼火？
  - 有什么是我们之前没有讨论过但我需要知道的吗？
  - 什么妨碍了我的成功？

- 道歉
  - 我需要为什么道歉？

- 原谅
  - 我需要原谅什么？

- 指出明明存在却避而不谈的问题
  - 我们应该讨论但迟迟未能付出行动的问题是什么？
  - 哪些问题是因为我们一直没有讨论才一直存在的？
  - 什么阻止了我们提起这些话题？
  - 从个人或职业角度看，这有何影响？
  - 我们在为我们的沉默付出什么样的代价？
  - 哪些组织层面上的障碍令我们难以有效地共事？
  - 哪些人际互动令我们难以有效地共事？
  - 我能通过改变什么而使生活变得更轻松？

矫正及其策略

• 反馈
○ 我的名誉怎样？别人怎么看、怎么说？
○ 我的盲点是什么？
○ 什么是我需要知道并有助于提高我们／我的效率的事情？
○ 我可以继续利用或培养的优势是什么？
○ 我什么时候没有达到你的期望值？

• 矫正路线
○ 我正在做的哪些事是无用功？
○ 我所做的什么事会妨碍我们的关系质量？
○ 我们的关系令人觉得失衡吗？
○ 你对我／我的团队有什么样的建议？
○ 再见

喝彩及其策略

• 感谢
○ 你喜欢如何给予／接收认可？
○ 你希望在哪方面得到认可？
○ 你希望你的哪些贡献能得到重视？

○ 你对我的成功有过什么样的影响？（详细说明你的感谢！）
- 我是你的同盟者

○ "我的首要工作是确保你的成功。"
- 庆祝成功

○ 我们从中可以学到什么？

○ 我们如何结合这次成功继续前进？

○ 成长至今，你需要克服的最大的困难是什么？